Creu Dinasyddia

SAFBWYNTIAU

Gwleidyddiaeth • Diwylliant • Cymdeithas

Golygydd Cyffredinol y Gyfres: Daniel G. Williams,
Prifysgol Abertawe

Dyma gyfres sydd yn trafod ac ailystyried rhai o bynciau canolog astudiaethau gwleidyddol a diwylliannol Cymru a thu hwnt. Ei nod yw cyflwyno ymdriniaethau grymus ar amrywiaeth o bynciau o fewn y dyniaethau – o ffasgaeth i sosialaeth, o ethnigrwydd i rywioldeb, o iaith i grefydd. Tynnir ynghyd rhai o feddyliau mwyaf praff a difyr Cymru i gynnig safbwyntiau annisgwyl a dadlennol ar hanes, diwylliant a syniadaeth gyfoes o ogwydd gwleidyddol, theoretig a chymdeithasol.

yn y gyfres

Richard Wyn Jones (2013), *'Y Blaid Ffasgaidd yng Nghymru': Plaid Cymru a'r Cyhuddiad o Ffasgaeth*

Simon Brooks (2015), *Pam na fu Cymru: Methiant Cenedlaetholdeb Cymraeg*

Llion Wigley (2019), *Yr Anymwybod Cymreig: Freud, Dirfodaeth a'r Seice Cenedlaethol*

Creu Dinasyddiaeth i Gymru

Mewnfudo Rhyngwladol a'r Gymraeg

Gwennan Higham

Gwasg Prifysgol Cymru
2020

www.gwasgprifysgolcymru.org

Mae cofnod catalogio'r gyfrol hon ar gael gan y Llyfrgell Brydeinig.

ISBN 978-1-78683-536-9
e-ISBN 978-1-78683-537-6

Cydnabyddir cymorth ariannol Prifysgol Abertawe ar gyfer cyhoeddi'r llyfr hwn.

Cysodwyd gan Eira Fenn Gaunt, Pentyrch, Caerdydd.
Argraffwyd gan CPI Antony Rowe, Melksham.

Cynnwys

Rhagair vii

1 'Bringing people together around British values and that kind of thing': Dadlau'r tu hwnt i amlddiwylliannedd yng Nghymru 1

2 'Dinasyddiaeth Brydeinig – mae e'n ein clymu ni mewn': Adeiladu seiliau dinasyddiaeth Gymreig 33

3 'Dinesydd fydda i – dw i eisiau dysgu Cymraeg': Llunio darpariaeth Gymreig i fewnfudwyr 65

Ôl-nodyn 95

Nodiadau 97

Llyfryddiaeth 117

Mynegai 131

I'r mewnfudwyr sydd yng ngafael yr amgylchfyd gelyniaethus

Rhagair

Deallusol oedd fy niddordeb mewn mewnfudo rhyngwladol wrth imi ddechrau ar daith fy noethuriaeth yn 2012. Ni ragwelwn bryd hynny y byddai'r pwnc yn dod yn fater personol ac yn ganolog i wleidyddiaeth Ewrop yn sgil yr argyfwng ffoaduriaid, y bleidlais Brexit yn ogystal â phryderon parhaol dros ddyfodol cymunedau Cymraeg. Wrth imi fynd i'r afael â damcaniaethau a dadleuon dyrys ar amrywiaeth ddiwylliannol, roedd miliynau yn gadael eu mamwledydd ac yn cychwyn ar siwrnai hir a pheryglus i gyrraedd gwladwriaethau mwy diogel a llewyrchus. Mae'n ffenomen sydd yn debygol o barhau yn y dyfodol.

Ymhlith y miliynau a adawodd yn ystod Haf 2015, cyrhaeddodd sawl un Gymru, gan gynnwys un a ddaeth yn ffrind agos imi. O hyn allan, bu'r pwnc yn fater personol yn ogystal â bod yn chwilfrydedd academaidd ac yn bwnc gwleidyddol mawr. Er astudio polisïau ym maes mewnfudo a gwneud gwaith maes ymysg mewnfudwyr, ni fyddai hyn yn fy mharatoi at weld sut beth yw bod yn fewnfudwr ym Mhrydain yn yr unfed ganrif ar hugain – a hynny o lygaid y ffynnon. Rai blynyddoedd yn ddiweddarach, ac yn briod bellach â'm ffrind o'r Dwyrain Canol, mae gennyf ddealltwriaeth lawer gwell o'r ffordd y mae Prydain yn trin mewnfudwyr heddiw a beth yw goblygiadau byw mewn 'amgylchfyd gelyniaethus', chwedl Theresa May, a hithau ar y pryd yn arwain y Swyddfa Gartref.[1] Wedi cefnu ar bolisïau swyddogol ar amlddiwylliannedd, y mae Llywodraeth Prydain a nifer o wladwriaethau eraill Ewrop yn gwneud ymdrechion i gau'r drws yn glep ar y llif cynyddol o fewnfudwyr. I'r rheini sydd yn llwyddo i gyrraedd hyd at ddrysau gwladwriaethau'r Gorllewin, nod yr awdurdodau gan amlaf yw eu cau nhw allan neu sicrhau eu bod yn aros yn y fynedfa.

Dyna yw hanes fy ngŵr a ffodd dros fynyddoedd Iran a Thwrci er mwyn croesi ffiniau Ewrop nes cyrraedd Llundain yn Hydref 2015. Ar ôl i'r awdurdodau ei archwilio, fe'i gosodwyd ar fws cludo ffoaduriaid ar ei ffordd i Lerpwl cyn cael ei drosglwyddo ar yr eiliad olaf i fws a aeth i Gaerdydd a lle y byddai o hyn allan yng Nghymru dan lygaid y Swyddfa Gartref.[2] Heblaw am ddysgu Saesneg drwy ddosbarthiadau ESOL, nid oes braidd dim hawl arall gan geisiwr lloches yn y Deyrnas Unedig – yn arbennig unigolyn amddifad. Serch hynny, dysga sut i fyw yn feunyddiol o fewn y cyfyngiadau a osodir ar yr unigolion hyn. Dysgasom ni hefyd sut i werthfawrogi'r pethau na ellir eu tynnu oddi wrth berson. Yn hyn o beth, fe lwyddasom i drosgynnu rhai o'r ffiniau hyn drwy gariad – y gwrthwyneb union i bolisïau mewnfudo Prydain.

Nid hanes personol sydd ar dudalennau'r gyfrol hon; fy nymuniad wrth drin a thrafod mewnfudo rhyngwladol a'r Gymraeg yw awgrymu bod modd wynebu rhwystrau'r presennol wrth edrych am ffyrdd gwahanol o feddwl a gweithredu. Neges gadarnhaol ydyw am y gallu i ailfeddwl, diffinio a dadwneud anghyfiawnderau'r gorffennol er mwyn creu, cynhyrchu a chyfranogi o'r newydd.

Creu dinasyddiaeth i Gymru yw awgrym y llyfr – dinasyddiaeth gynhwysol ac iddi wedd wahanol i ddinasyddiaeth gyfreithiol Brydeinig. Mae'r gyfrol yn dychmygu sut y gall dinasyddiaeth Gymreig edrych yn y dyfodol yn wyneb mewnfudo rhyngwladol ac yng nghyd-destun ymdrechion i normaleiddio priod iaith Cymru. Nid ysgrifennwyd mo'r gwaith er mwyn denu sylw gwleidyddion Bae Caerdydd o reidrwydd ond neges ydyw at Gymry o bob oed, o bob cefndir, i fod yn rhan o drafodaeth ehangach ynghylch pa fath o gymdeithas yr hoffem i Gymru fod.

Wrth fynd i'r afael â'r llinynnau rhwng iaith, mewnfudo a dinasyddiaeth, cyflwyna'r gyfrol ddau brif ganfyddiad. Ceisia ddarganfod model integreiddio i Gymru drwy ymrafael â dadleuon damcaniaethol, yn benodol amlddiwylliannedd a rhyngddiwylliannedd sydd â'u gwreiddiau yng Nghanada a Québec, ynghyd â'u datblygiadau ym Mhrydain a Chymru. Yn ail, wrth fynd o dan wyneb y dadleuon academaidd, ceisia gyflwyno'r rhwystrau a'r cyfleoedd posib ar gyfer datblygu'r ddarpariaeth Gymraeg i fewnfudwyr yng Nghymru. Datblygwyd yr elfen hon drwy gynnal gwaith maes ethnograffig ym maes addysg iaith oedolion. Drwy archwilio polisi ym maes mewnfudo ar lefel genedlaethol a chymunedol, mae'r ymchwil yn dod i gasgliadau ynghylch sut y gellir ailddehongli dinasyddiaeth sydd yn gynhwysol, yn greadigol a hefyd yn Gymreig.

Cymru a'r Gymraeg yn amlwg yw canolbwynt yr ymchwil ond edrychir hefyd y tu hwnt i Gymru am gymariaethau, modelau ac enghreifftiau o arfer dda sydd yn gweu'r tri llinyn at ei gilydd mewn modd cynhwysol. Canada, ac yn benodol, Québec, yw un o'r cyferbwyntiau pennaf hyn. Yn ogystal â thrafod canlyniadau gwaith maes ar ymagweddau llywodraethwyr, tiwtoriaid iaith a mewnfudwyr yng Nghymru, cyfeirir hefyd at waith maes a wnaed ar integreiddio mewnfudwyr yn Québec. Mae'r gyfrol felly yn tynnu ar ffynonellau academaidd a chyfweliadau ethnograffig yn y Ffrangeg yn ogystal â'r Gymraeg a'r Saesneg. Yn hyn o beth, cyfieithwyd testunau'r Ffrangeg i'r Gymraeg gan nodi'r dyfyniadau gwreiddiol yn yr ôl-nodiadau. Er cadw'n ffyddlon at eiriau'r unigolion ac wrth geisio peidio ag ymyrryd â llif y testun, penderfynwyd dewis a dethol paragraffau byr neu ambell frawddeg neu ddwy o blith cyfweliadau sydd yn portreadu ymagweddau neu ymatebion unigolion. Er hynny, cedwid rhai geiriau neu ymadroddion sydd ag ystyron penodol yn yr ieithoedd a diwylliannau hyn yng nghorff y testun. Wrth osod dyfyniadau'r unigolion wrth galon y gwaith, boed yn fewnfudwyr, tiwtoriaid neu lywodraethwyr, clywir lleisiau unigol y bobl gyda'r bwriad o arwain y drafodaeth at y casgliadau a'r argymhellion ar ddiwedd yr ymchwil.

Er y cysylltir mewnfudo yn yr iaith Gymraeg yn bennaf â siaradwyr Saesneg o Loegr, mae'n amlwg oddi wrth deitl y gyfrol hon fy mod yn ymdrin â mewnfudo o'r tu allan i'r Deyrnas Unedig; cyfeirir at y rheini nad ydynt â'r Saesneg yn famiaith iddynt ac sydd yn ceisio creu bywydau newydd ym Mhrydain, ac yng Nghymru yn benodol. Er gwaethaf y sylw cynyddol i ffoaduriaid yn y Deyrnas Unedig, mae'n bosib y gall rhai ystyried mewnfudo rhyngwladol yn fater eilradd i Gymru heddiw, yn arbennig wrth ystyried bod llai o fewnfudwyr rhyngwladol yng Nghymru nag sydd yng ngweddill Prydain. Hefyd, gyda llai nag 20% o boblogaeth Cymru yn nodi eu bod yn siaradwyr Cymraeg yn ôl Cyfrifiad 2011, mae'n bosib y gall eraill ystyried integreiddio mewnfudwyr drwy gyfrwng iaith arall i'r Saesneg yn ddisynnwyr. Yn wir, datgela cyfweliadau'r ymchwil nad yw mewnfudo rhyngwladol yn flaenoriaeth strategol i weision sifil Cymru, yn arbennig mewn perthynas â sicrhau dyfodol y Gymraeg. Fodd bynnag, credaf fod mewnfudo rhyngwladol yn codi cwestiynau hanfodol o ran ein perthynas â gweddill y Deyrnas Unedig a'n perthynas ag eraill yn gyffredinol. Yn y gyfrol hon, teflir goleuni ar y ffaith fod cynaliadwyedd prosiect cenedlaethol Cymru yn ddibynnol ar integreiddio mewnfudwyr i Gymru. Dengys ymhellach fod mewnfudwyr rhyngwladol yn aml yn amlieithog ac felly yn edrych ar Gymru a'r Gymraeg o safbwynt gwahanol i'r rheini sydd eisoes yn rhannu'r un famiaith â'r mwyafrif yn y Deyrnas Unedig a'u meddylfryd unieithog. I nifer o fewnfudwyr a gymerodd ran yn yr ymchwil, nid yw Cymru yn estyniad ar Loegr, ond yn hytrach yn gyfle iddynt ailafael yn eu bywydau.

Mewn cymdeithas fwyfwy drwgdybus a gelyniaethus tuag at eraill,[3] mae cyfleoedd i ddysgu am ieithoedd a diwylliannau eraill wedi cyfoethogi fy mywyd i ac i raddau hefyd wedi bod yn ddihangfa. Y gobaith yw y bydd cyfleoedd i addysgu a dysgu am Gymru a'r Gymraeg hefyd yn cyfoethogi profiadau mewnfudwyr yn ogystal â hybu'r modd yr ydym oll yng Nghymru yn cyfrannu at fywyd y genedl.

* * *

Braint o'r mwyaf yw cael cyhoeddi'r gyfrol yng nghyfres Safbwyntiau – diolchaf i'r Athro Daniel G. Williams am fy ngwahodd i ymuno ag awduron eraill y gyfres hon. Hoffwn estyn diolch arbennig i'r academyddion sydd wedi fy nghynorthwyo ar hyd taith fy noethuriaeth ynghyd â'r gyfrol hon; yn benodol yr Athro Diarmait Mac Giolla Chríost a fu'n allweddol wrth ddatblygu syniadau'r gwaith, i Dr Simon Brooks am ei gymorth parod a chyson dros y blynyddoedd, i Dr Jeremy Evas am gyfrannu at oruchwylio'r ddoethuriaeth ac i staff Ysgol y Gymraeg, Prifysgol Caerdydd. Hefyd, rwy'n ddyledus i'r Athro Tudur Hallam am ei ofal manwl dros y gwaith a'i awgrymiadau gwerthfawr. Hoffwn ddiolch yn arbennig i'r Athro Alan Llwyd am gytuno i brawfddarllen y gwaith yn drwyadl ac yn brydlon. Diolchaf hefyd i aelodau eraill staff Adran y Gymraeg, Prifysgol Abertawe, Dr Rhian Jones, Dr Hannah Sams, Steve Morris, yr Athro Gwynedd Parry, Dr Alex Lovell a Dr Jenny Needs am fod yn gefn imi ac am yr holl gefnogaeth y rwyf wedi ei dderbyn ers ymuno â Phrifysgol Abertawe yn 2016. Rhaid estyn diolch hefyd i Dr Angharad Closs-Stephens, Ruth Gwilym Rasool a Helen Prosser am fwrw golwg dros y gwaith ac am fod yn ysbrydoliaeth imi. Mawr yw fy nyled hefyd i aelodau Gwasg Prifysgol Cymru, Dr Llion Wigley, Dr Dafydd Jones, Siân Chapman, Bronwen Swain ac Elin Williams yn ogystal â'r darllenwyr anhysbys am y gwaith golygu a'u help ar y daith o droi'r ddoethuriaeth yn gyfrol. Rwy'n ddiolchgar i'm teulu cefnogol a chariadus am ei anogaeth barhaol ac yn bennaf oll i'm Duw a'm Ceidwad. Mae brwydrau personol fy ngwr yn erbyn y Swyddfa Gartref yn ystod y blynyddoedd diwethaf wedi cynnig mewnwelediad imi o brofiadau mewnfudwyr. Cyflwynaf y gyfrol hon i'r unigolion sydd yng ngafael polisïau gelyniaethus y Swyddfa Gartref gan obeithio y daw newid ar dro mewn blynyddoedd i ddod.

Gwennan Elin Karimi
Tre-biwt, Caerdydd

Nodiadau

1 Mabwysiadodd y Swyddfa Gartref bolisi swyddogol i greu awyrgylch gelyniaethus i fewnfudwyr ar ôl i Theresa May gael ei phenodi yn Weinidog Gartref y DU yn 2012. Y nod yw gwneud bywydau mewnfudwyr sydd heb ddogfennau dilys mor anodd â phosib gan gynnwys nacáu hawliau sylfaenol megis llety, gwaith a gofal iechyd yn ogystal â hyrwyddo awyrgylch sydd yn trin unigolion heb statws fel troseddwyr. Yr ymgais yw eu hannog i adael y Deyrnas Unedig ac annog eraill rhag peidio â dod i Ynysoedd Prydain.

[2] Yn dilyn y ddeddf *Immigration and Asylum Act 1999*, caiff ceiswyr lloches eu gwasgaru ar draws ardaloedd ym Mhrydain mewn ymgais i rannu'r niferoedd o geiswyr lloches ac i leihau'r baich ar Lundain. Mae nifer y ceiswyr lloches a gaiff eu hanfon i'r ardaloedd gwasgaru penodedig yn seiliedig ar lety ac adnoddau parod yn yr ardal. Mae gan y Swyddfa Gartref bedair ardal wasgaru yng Nghymru gan gynnwys Caerdydd, Abertawe, Casnewydd a Wrecsam. Ceir beirniadaeth serch hynny gan awdurdodau lleol am ddiffyg llety a safonau isel y llety o ganlyniad i reolaeth cwmnïoedd preifat.

[3] Kathryn Cassidy, Perla Innocenti a Hans-Joachim Bürkner. 'Brexit and new autochthonic politics of belonging', *Space and Polity* 22/2 (2018), tt. 188–204.

1

'Bringing people together around British values and that kind of thing': Dadlau'r tu hwnt i amlddiwylliannedd yng Nghymru

Wrth i Brydain lunio dyfodol y tu allan i Ewrop, caiff Prydeindod ei bwysleisio er lles trigolion hen a newydd yr ynysoedd hyn. Daw'r galw am gryfhau gwerthoedd Prydeinig yn wyneb honiadau am dwf mewn hiliaeth, casineb ac anghytgord, yn arbennig ers canlyniad y refferendwm yn y Deyrnas Unedig i adael yr Undeb Ewropeaidd. Yn nhyb rhai, polisi mewnfudo agored sydd wrth wraidd problemau cymdeithasol ledled Prydain a'r hawliau helaeth a roddwyd i leiafrifoedd ethnig.[1] Yn nhyb eraill, camdriniaeth pŵer y wladwriaeth ac ymagweddau trefedigaethol sydd yn parhau i hollti cymunedau Cymru, Lloegr, yr Alban a Gogledd Iwerddon. Ymateb Llywodraeth San Steffan i ofidiau am gyflwr integreiddio cymdeithasol y Deyrnas Unedig yw uno'r ynysoedd hyn drwy aildanio diddordeb mewn iaith, diwylliant a gwerthoedd cytûn. Yn hyn o beth, datganodd Cyn-Weinidog Cartref y Deyrnas Unedig, Sajid Javid, y byddai'r Prawf Dinasyddiaeth newydd yn gofyn am ddealltwriaeth ddyfnach o werthoedd Prydeinig[2] a phwysleisiodd y Farwnes Louise Casey y dylid rhoi amser penodedig i bob mewnfudwr i'r Deyrnas Unedig ddysgu Saesneg.[3]

Yn wir, nid gofid i Brydain yn unig yw darganfod atebion ynghylch sut i drin amrywiaeth ddiwylliannol oddi mewn i'w ffiniau gwleidyddol. Dyma un o'r prif gwestiynau sydd wedi ennyn sylw gwladwriaethau Ewrop yr unfed ganrif ar hugain. Yn sgil twf mewnfudo a globaleiddio, ceir tensiynau cynyddol ynghylch diffinio diwylliant, cenedligrwydd ac iaith mewn gwladwriaethau sydd yn fwyfwy amlddiwylliannol. Ers saithdegau'r ganrif ddiwethaf, cynigiwyd amlddiwylliannedd fel ateb i reoli amrywiaeth ddiwylliannol gwladwriaethau democrataidd. Serch hynny, ers degawd cyntaf y ganrif hon, ymwrthoda nifer o wledydd Ewrop ag amlddiwylliannedd drwy honni bod egwyddorion amlddiwylliannedd wedi arwain at ymwahaniad cenedlaethol, cymunedau ar wahân ynghyd ag eithafiaeth radical. Mae cynnydd mewn brawychiaeth a therfysgoedd ethnig yn ystod yr ugain mlynedd diwethaf wedi ysgogi nifer o arweinyddion Ewrop i gondemnio canlyniadau amlddiwylliannedd wrth edrych am atebion newydd i ddelio ag amrywiaeth ddiwylliannol.[4] Yn yr Almaen, disodlir trafodaethau am *'Multikulti'* gan *'Leitkultur'* er mwyn hyrwyddo'r diwylliant arweiniol mewn cymdeithas. Yn y Deyrnas Unedig, cefnwyd ar athrawiaeth amlddiwylliannol er mwyn meithrin cysyniad o integreiddio sydd yn seiliedig ar yr iaith Saesneg. Mewn gwladwriaethau eraill megis Ffrainc, pwysleisir pwysigrwydd 'integreiddio', 'cydlyniant' a gwerthoedd cytûn gan gynnwys iaith gyffredin megis y Ffrangeg.

Dilyna Llywodraeth Cymru'r don o wrthwynebu polisïau amlddiwylliannedd. Er gwaethaf anallu is-wladwriaeth Cymru i ddeddfu ym maes mewnfudo a dinasyddiaeth, mae pwerau Llywodraeth Bae Caerdydd dros faterion megis y Gymraeg, diwylliant, cydlyniant a lles cymdeithasol yn golygu bod modd llunio strategaethau Cymreig ar reoli amrywiaeth ddiwylliannol. Mae strategaeth Cydlyniant Cymunedol Llywodraeth Cymru yn efelychu pwyslais San Steffan ar integreiddio a gwerthoedd cytûn.[5] Serch hynny, nid yw polisi swyddogol y Swyddfa Gartref i greu amgylchedd gelyniaethus i fewnfudwyr o reidrwydd yn cael ei adleisio gan Lywodraeth Cymru. Cefnoga Llywodraeth Cymru'r syniad fod y wlad yn datblygu'n 'Genedl Noddfa', y gyntaf yn y byd sydd yn golygu y byddai Cymru yn arwain yn rhyngwladol o safbwynt rhoi croeso cynnes 'Cymreig' i ffoaduriaid a cheiswyr lloches.[6] Cwestiwn sydd wrth galon y bennod hon, a'r gyfrol i gyd, yw sut y mae dod â phobloedd Cymru ynghyd, ai drwy werthoedd Prydeinig a'r iaith Saesneg, neu a oes llwybrau amgen Cymreig, amlieithog ac amlddiwylliannol yn bodoli?

Er mwyn cymharu ideolegau'r wladwriaeth Brydeinig ac is-wladwriaeth Cymru ynghylch integreiddio mewnfudwyr, eir i'r afael yn y bennod hon â rhai o'r damcaniaethau mwyaf blaenllaw am reoli amrywiaeth. Edrychir yn benodol ar ffenomen amlddiwylliannedd a'i pherthnasedd fel system wleidyddol ar gyfer lleiafrifoedd cenedlaethol a lleiafrifoedd mewnfudol. Yn ogystal â thrafod gwrthwynebiad i amlddiwylliannedd yn y Deyrnas Unedig ag Ewrop, diddorol fydd edrych ar fodel Canadaidd o amlddiwylliannedd ynghyd â rhyngddiwylliannedd, dull arall, gwrthgyferbyniol o gymhwyso amrywiaeth sydd yn hanu o Québec, talaith Ffrengig yng Nghanada. Bydd cymharu damcaniaethau integreiddio rhwng Canada a Québec a Phrydain a Chymru o fudd felly er mwyn dadlau pwysigrwydd osgoi mabwysiadu syniadau am reoli amrywiaeth heb ystyried anghenion penodol Cymru. Wrth wneud hyn, gwneir cyfraniad i'r drafodaeth am 'ddatganoli'r ddadl ar amlddiwylliannedd a dinasyddiaeth' yng Nghymru er mwyn i ddiwylliant ac ieithoedd Cymru gael eu hystyried ar ffurf model Gymreig o reoli amrywiaeth.[7]

Iaith, Diwylliant a Chenedl

Nid dyfyniad o araith y Gweinidog Cartref a geir yn nheitl y bennod hon ond geiriau o gyfweliad gyda swyddog sifil yng Nghymru. Mewn cyfweliad personol ag un o swyddogion Llywodraeth Cymru, disgrifia ymgais Cymru i gynllunio strategaethau integreiddio mewnfudwyr wedi methiant amlddiwylliannedd. Er nad oes cyfeiriad penodol at iaith, pwysleisia'r swyddog fod cynlluniau cymunedol yng Nghymru yn golygu hyrwyddo 'British Values' neu brif ddiwylliant y gymuned groeso. Un o brif gyhuddiadau amlddiwylliannedd yw'r tueddiad i ganolbwyntio ar ethnigrwydd a gwahaniaethau pobloedd yn hytrach na'r hyn sydd yn uno pobl. Serch hynny, dadleua carfan o ddamcaniaethwyr mai camddeall a chamddehongli gwir natur amlddiwylliannedd yw'r prif achos dros hyn a bod angen olrhain datblygiadau rheoli amrywiaeth ddiwylliannol er mwyn deall hyn.

Er mwyn deall amlddiwylliannedd, rhaid deall diwylliant, yn hytrach na gwahaniaeth. Dyna'r hyn y mae Bhikhu Parekh yn ei awgrymu yn y dyfyniad isod wrth iddo gynnig diffiniad o unigolyn fel aelod o grŵp sy'n dehongli'r byd, drwy gredoau, moesau, arferion a thraddodiadau gwahanol:

> Multiculturalism is not about difference and identity per se but about those that are embedded in and sustained by culture; that is, a body of beliefs and practices in terms of which a group understand themselves and the world and organize their individual and collective lives.[8]

Yn ei ddiffiniad uchod, y mae diwylliant yn cwmpasu'r holl fywyd dynol. Ar lefel sylfaenol, adlewyrchir hyn trwy iaith. Yn yr un modd ag y ceir iaith gyffredin mewn cymdeithas, ceir hefyd ddiwylliant cyffredin sydd yn uno o dan ffactorau amrywiol, boed yn iaith, ethnigrwydd neu grefydd. Er gwaetha'r llinynnau ethnig a all fod ynghlwm wrth ddiwylliant, nid yw diwylliant yn gyfystyr ag ethnigrwydd ac nid yw o reidrwydd yn cyfeirio at ddiwylliant cynhenid. Gall diwylliant ymddihatru oddi wrth ei wreiddiau ethnig trwy fudo, ffafrio diwylliant arall, neu drwy orfodaeth. Ar y llaw arall, nid yw bodau dynol yn gallu trosgynnu diwylliant heb unrhyw sgil-effaith arnynt. Dywed Parekh fod diwylliant yn gwreiddio ac yn strwythuro ein bywydau, a'i fod, yn ogystal, yn gyfeirbwynt i'n bywydau, er y gellir hefyd ei feirniadu.

Law-yn-llaw â globaleiddio a mewnfudo, daw amrywiaeth ddiwylliannol yn realiti fwyfwy amlwg ar bob ochr o'r sbectrwm diwylliannol a chymdeithasol. Defnyddir y disgrifiad 'uwch-amrywiaeth' i gyfleu math o amrywiaeth nas gwelwyd erioed o'r blaen mewn hanes cymdeithas.[9] Yn ei sgil, daw â nifer o heriau i gymdeithas. Cyfeiria Bullivant at y 'pluralist dilemma' i ddisgrifio heriau integreiddio cenedlaethol; ar y naill law, ceir ymgais i hybu cydlyniant cymdeithasol, ac ar y llaw arall ceir pwysau i gydnabod amrywiaeth ddiwylliannol, ieithyddol ac ethnig o fewn y genedl-wladwriaeth.[10] Gellir ymhelaethu ar y ddeuoliaeth hon gyda pharau gwrthgyferbyniol, i bob golwg – 'gwreiddiau' a 'dewisiadau', 'gwladwriaeth' a 'chymuned', neu fel y dywed De Saussure, 'parochialism' neu 'intercourse'.[11] Yn ogystal â hyn, diffinia Schermerhorn y grymoedd cymdeithasol a diwylliannol fel tueddiadau canolgyrchol ac allgyrchol.[12] Yma, ceir gwrthwynebiad rhwng grym sydd yn uno grwpiau a grym sydd yn gwahanu grwpiau. Yn yr ail garfan, gellir gosod amrywiaeth ddiwylliannol ac ieithyddol.

Os gwir yr honiad y bydd 90% o ieithoedd, a diwylliannau, o dan fygythiad o fewn y ganrif nesaf, gwelir bod grym allgyrchol yn effeithio ar dueddiadau canolgyrchol.[13] Pwysleisia Joshua Fishman, un o brif ddamcaniaethwyr cymdeithaseg iaith y byd, y cysylltiad pwysig sydd rhwng iaith a diwylliant drwy ddweud: 'at any time during which that linkage is still intact, [language is] best able to name the artifacts and to formulate or express the interests, values and world-views of that culture'.[14] Os ystyrir bod swyddogaeth ganolog gan iaith mewn diwylliant, yna y mae colli iaith yn wir drasiedi i ddynol ryw. Fodd bynnag, nid yw iaith yn marw ohoni'i hun, cymuned o siaradwyr yr iaith sydd yn peidio â'i siarad mwyach a hynny ar sail y penderfyniad bod siarad iaith arall yn well neu am ei fod yn ddewis mwy synhwyrol. Disgrifir hyn gan rai yn 'hil-laddiad ieithyddol'.[15]

O fewn ecoleg iaith a diwylliant, dywedir bod amrywiaeth ddiwylliannol ac ieithyddol yr un mor hanfodol i ddynoliaeth ag yw bioamrywiaeth i natur.[16] Dadleua ecolegwyr iaith fod bygythiad ieithyddol y byd yn debyg i'r bygythiad sydd yn wynebu anifeiliaid a phlanhigion[17]. Gall hon fod yn gymhariaeth gadarnhaol, ond dywed nifer fod tranc iaith yn rhan o esblygiad cymdeithasol ac ieithyddol naturiol. Serch hynny, dywed Stephen May nad oes dim byd 'naturiol' am y statws a'r bri sy'n perthyn i iaith fwyafrifol na'r stigma sy'n perthyn i iaith leiafrifol. Rhaid gosod pŵer yn y fantol hefyd.[18] Fel y dywed Noam Chomsky, 'Questions of language are basically questions of power'.[19] Mae colled iaith a diwylliant yn ganlyniad i bŵer, cystadleuaeth, rhagfarn, anffafriaeth a darostyngiad. Nid yw dirywiad ieithyddol yn annibynnol ar ffactorau cymdeithasol, economaidd a gwleidyddol ehangach.

Synnir felly fod y cysylltiad rhwng iaith a goruchafiaeth yn ffenomen led ddiweddar. Yn ystod yr Oleuedigaeth, daeth diwylliant i symboleiddio bydolwg neu *Weltanschauung* penodol, gan ddatblygu'r cysyniad o ddiwylliant cenedlaethol. Daeth i'r amlwg y syniad o oruchafiaeth ddiwylliannol ac ieithyddol y wladwriaeth. Arweiniodd hyn at bardduo ieithoedd lleiafrifol. Seiliwyd y bydolwg hwn ar y cysyniad o burdeb diwylliannol a natur homogenaidd y wladwriaeth, pan gyfystyrwyd hunaniaeth wleidyddol a hunaniaeth genedlaethol. Yn sgil enghraifft y Chwyldro Ffrengig a sofraniaeth y genedl *une et indivisible*, byddai cytgord y genedl-wladwriaeth yn trechu unrhyw hawl i ymlyniad ethnigrwydd diwladwriaeth. Y Rhamantwyr Almaenig – Johann Gottfried von Herder yn benodol – a ddatblygodd y syniad am iaith a diwylliant cenedlaethol: 'Oherwydd bod y bobl i gyd yn Bobl, mae ganddi hefyd ei diwylliant cenedlaethol trwy ei hiaith'.[20] Datblygwyd y cyswllt cryf rhwng iaith a diwylliant er mwyn gwireddu ideoleg 'un wladwriaeth, un genedl, un iaith', gan israddio ieithoedd y lleiafrifoedd. Ceir enghreifftiau adnabyddus o bolisïau gwladwriaethol yn erbyn ieithoedd lleiafrifol a fabwysiedid mewn ymgais i sefydlu un iaith gyffredin, e.e. ymdrech y gwleidydd Abbé Gregoire i ddifodi *patois* y bobl (er enghraifft y Llydaweg, yr Ocsitaneg a'r Corseg) er mwyn creu *une peuple* yn Ffrainc; gwaharddiad y Gatalaneg a'r Fasgeg dan drefn wladwriaethol Franco yn Sbaen a gwahardd defnyddio'r Almaeneg dan ymgyrch 'Eidaleg-eiddio'r De Tyrol gan Mussolini, ac yng Nghymru gwaharddwyd defnydd o'r Gymraeg mewn bywyd cyhoeddus gydag enghreifftiau adnabyddus y Deddfau Uno yn 1536, y Ddeddf Addysg yn 1870 a'r *Welsh Not*.

Yn ogystal â gweithredu polisïau gwleidyddol pendant yn erbyn amrywiaeth ddiwylliannol, dros y ddwy ganrif ddiwethaf lledaenwyd damcaniaeth athronwyr rhyddfrydol ar ddinasyddiaeth gyfanfydol (neu fyd-eang). Yn ôl y safbwynt cyfanfydol, mae pawb yn meddu ar yr un hawliau a breintiau unigol. Ar sail hynny, mae syniadau rhyddfrydol am amrywiaeth yn datgan bod daliadau unigolyddol yn golygu gwrthwynebu pob ymgais i ymestyn cydnabyddiaeth neu gefnogaeth ddiwylliannol arbennig i leiafrifoedd. Daw rhyddid, yn ôl rhyddfrydwyr, trwy uniaethu â'r wladwriaeth fwyafrifol.[21] Gwell i'r Basgwr fod yn Sbaenwr, y Llydäwr yn Ffrancwr a'r Cymro yn Brydeiniwr 'than to sulk on his own rocks, the half-savage relic of past times, revolving in his own little mental orbit, without participation or interest in the general movement of the world'.[22] Datblygodd yr ymdrech i gynnal hunaniaeth genedlaethol gyffredin law-yn-llaw â thuedd i bardduo'r grwpiau cenedlaethol bychain. Er gwaethaf 'egwyddorion' rhyddfrydol yr Ymerodraeth Brydeinig, anwybyddwyd anghenion amrywiaeth ddiwylliannol y cenhedloedd a reolwyd ganddi. Fel y dywed Charles Taylor, 'the supposedly neutral set of difference-blind principles of the politics of equal dignity is in fact a reflection of one hegemonic culture [. . .] a particularism masquerading as the universal'.[23]

Gyda newidiadau i gymdeithas ar ôl yr ail Ryfel Byd, daeth swyddogaeth y genedl-wladwriaeth yn fater penagored. Ceisiai grŵp o athronwyr – y rhyddfrydwyr diwylliannol – ailddehongli'r genedl-wladwriaeth er mwyn cynnwys lleiafrifoedd. Tra bod gwladwriaethau yn datgan polisïau yn arddel natur homogenaidd iaith a diwylliant y genedl-wladwriaeth, ffaith amlwg, fel y noda Wil Kymlicka, yw na ellir gwadu bodolaeth amrywiaeth ddiwylliannol o fewn y genedl-wladwriaeth. Datblygodd y rhyddfrydwyr diwylliannol theori yn ailddehongli rhyddfrydiaeth er mwyn ymateb i amrywiaeth ddiwylliannol yr oes fodern – yr hyn sydd yn gyfarwydd nawr fel theori amlddiwylliannedd. Fe'i datblygwyd ar y sail bod ymreolaeth unigol yn bwysig a bod ewyllys gan yr unigolyn i fyw yn ôl credoau'r 'diwylliant ymylol'. Dadleuwyd bod diwylliant yn hanfodol ar gyfer datblygiad dynol ar sail 1) yr hawl i gadw diwylliant 2) egwyddor cyfiawnder. O ganlyniad, dylai lleiafrifoedd a mwyafrifoedd fwynhau hawliau diwylliannol a gallu eu gweithredu yn effeithiol.[24]

Yn sgil rhyfela ethnig parhaus, daeth yn ddyletswydd ar lywodraethau i ddelio â'r 'broblem leiafrifol'. Yr ymateb rhyngwladol cyntaf oedd ymdrin â'r 'broblem' hon dan faner 'hawliau dynol', gan fod pryder y byddai estyn cydnabyddiaeth ffurfiol i leiafrifoedd yn porthi rhyfeloedd ethnig. Penderfyniad gwleidyddol yn fwy nag egwyddor foesol, felly, oedd yn rhwystro datblygiad a chynaliadwyedd y lleiafrifoedd ethnig. Serch hynny, yn sgil 'adfywiad ethnig' lleiafrifoedd cenedlaethol, gwelwyd datblygiadau graddol o'r pumdegau ymlaen gyda chynnydd yn yr hawliau i bobloedd 'cynhenid' a mesurau penodol gan y Cenhedloedd Unedig. Er gwaethaf y rhyfela ethnig yn y Dwyrain ac yn y Gorllewin, datblygwyd ymagwedd heddychlon at wleidyddiaeth ethnig dan faner rhyddid a chyfiawnder moesol. Diddorol felly yw gweld mai twf 'gwleidyddiaeth ethnig' a ysgogodd symudiad i gyfeiriad hawliau lleiafrifol. Yn Ewrop, datblygodd syniad ar sail hawliau lleiafrifol yng nghyd-destun ehangach lleiafrifoedd cenedlaethol. Yn wir, ymatebodd y prosiect ar hawliau lleiafrifol i 'adfywiad ethnig' y chwedegau gan gynnwys y grwpiau cenedlaethol fel y Québécois, y Catalaniaid a'r Cymry. Fel hynny, cryfhawyd cais lleiafrifoedd yn sgil sefydlu Cyngor Ewrop – corff swyddogol i hyrwyddo hawliau lleiafrifoedd a democratiaeth yn Ewrop. Yn 1992, er enghraifft, cyhoeddwyd Siarter Ewrop ar gyfer Ieithoedd Lleiafrifol a Rhanbarthol Ewrop a gwelwyd ymhellach gonfensiwn dros amddiffyn cenedlaethau lleiafrifol ym 1995.[25] Cynyddodd polisïau yn ymwneud ag amlddiwylliannedd a hawliau lleiafrifol ar raddfa flaenllaw yn Ewrop, a hynny nid yn unig fel prosiect i amddiffyn 'diwylliant' a 'threftadaeth' ond wrth i'r polisïau dreiddio i sefydliadau craidd Ewrop ar faterion o ddiogelwch, datblygiad a hawliau dynol.[26]

Er bod amlddiwylliannedd wedi magu gwreiddiau yn y gwledydd lle y mae'r Saesneg yn brif iaith ac wedi dylanwadu ar bolisïau a thrafodaethau cyhoeddus gwledydd, megis Canada a Phrydain, erbyn heddiw mae blagur amlddiwylliannedd wedi gwywo.[27] Clywn heddiw ein bod yn byw mewn oes 'ôl-amldiwylliannol.' Yn Ffrainc, ystyriwyd yr angen i dynhau polisi *laïcité*, yn yr Almaen, beirniadwyd methiant y *Gastarbeiter* a chyflwynwyd syniadaeth *Leitkultur*, sef blaenoriaethu'r diwylliant arweiniol. Ymddengys felly fod Cymru, fel Prydain a gweddill Ewrop, wedi dilyn y don newydd o hyrwyddo'r diwylliant cryfaf. Eto i gyd, awgryma arolwg gan *Migration Policy Institute* nad yw'r mwyafrif o wledydd democrataidd wedi gweithredu polisïau amlddiwylliannedd i'r eithaf a'u bod yn hytrach yn gweithredu ideoleg sifig gwladwriaethol.[28] Beth mae'n ei olygu i wlad weithredu amlddiwylliannedd a beth yw goblygiadau mabwysiadu'r ddamcaniaeth hon yng nghyd-destun Cymru?

Amlddiwylliannedd

> Wales is an inclusive, multicultural and multi-faith country and we welcome the diversity of migrants, refugees and asylum seekers

> living in Wales and recognise that whilst they all share a common experience, they are far from homogenous [. . .] Wales has a language of its own, that we are rightly proud of. [. . .] We would certainly encourage you to learn Welsh, as well as English.[29]

Mewn pecyn croeso a ddarparwyd gan Lywodraeth Cymru ar gyfer mewnfudwyr yn 2010, nodir bod Cymru yn wlad aml-ddiwylliannol, aml-ffydd a chynhwysol sydd yn barod i groesawu amrywiaeth ddiwylliannol ffoaduriaid a cheiswyr lloches. Yn y cyswllt hwn, cyfeirir at amrywiaeth ieithyddol Cymru yn ogystal ag annog mewnfudwyr i gofleidio hyn drwy ddysgu Cymraeg a Saesneg. Serch hynny, gyda diweddariad y pecyn croeso yn 2015, ar yr adeg pan ailgartrefwyd hanner cant o ffoaduriaid o Syria yng Nghymru, nid oes cyfeiriad at amlddiwylliannedd na'r elfennau sydd yn dynodi amrywiaeth ddiwylliannol yng Nghymru. Cwyd hyn gwestiwn ynghylch sut y gellir diffinio amlddiwylliannedd ar gyfer lleiafrif cenedlaethol.[30]

Dadleua Wil Kymlicka, prif ddamcaniaethwr amlddiwylliannedd, nad dathlu gwahaniaeth yn unig a wna amlddiwylliannedd ond mynd i'r afael â phroblemau economaidd, gwleidyddol a diwylliannol. Dywed ei bod yn haws diffinio amlddiwylliannedd ar sail yr hyn y mae'n ei wrthwynebu: 'All struggles for multiculturalism share in common a rejection of earlier models of the unitary, homogenous nation-state'.[31] Polisi gwleidyddol yn ei hanfod yw amlddiwylliannedd sydd yn ymdrin â bodolaeth amrywiol er mwyn rhoi sylw a dyrchafiad i grwpiau ymylol o dan anfantais.[32] Drwy hyn, cysylltir amlddiwylliannedd yn ehangach â thueddiadau eraill fel 'gwleidyddiaeth hunaniaeth' a 'chymunedoliaeth' sydd yn rhannu gwrthwynebiad i ryddfrydiaeth gyffredinol. Tra bod pwyslais 'gwleidyddiaeth hunaniaeth' ar gydnabyddiaeth ddiwylliannol a meithrin hunaniaeth 'bur' neu 'ddilys', seilir cymunedoliaeth ar sail y gred fod unigolion yn cael eu ffurfioli gan y gymuned. Mae hyn yn wrthbwynt i'r unigoliaeth a achlesir gan ryddfrydiaeth. Yn wahanol i'r tueddiadau hyn, nid yw amlddiwylliannedd rhyddfrydol yn ymwrthod yn gyfan gwbl â rhyddfrydiaeth.

Ailddehongli rhyddfrydiaeth draddodiadol a wna'r damcaniaethwyr diwylliannol i gydweddu â gweledigaeth amlddiwylliannol yr oes fodern.[33] Mae amlddiwylliannedd rhyddfrydol yn mynd i'r afael â heriau dyfnach – nid symbolaeth a chydnabyddiaeth yw ei nod ond hybu amrywiaeth ar yr amod bod hyn yn cyd-fynd â democratiaeth ryddfrydol. Creda'r rhyddfrydwyr traddodiadol y dylai'r llywodraeth gadw pellter rhag diwylliant ac felly atal unrhyw gefnogaeth a chydnabyddiaeth ddiwylliannol i leiafrifoedd. Trwy ailddehongli rhyddfrydiaeth, cais rhyddfrydwyr diwylliannol drin pobl fel aelodau o grŵp penodol yn hytrach na dinasyddion unigol a chyfartal. Drwy osod hawliau grŵp ar yr un lefel foesol â'r unigolyn, tanseilir pwyslais traddodiadol y rhyddfrydwyr ar oruchafiaeth yr unigolyn.[34] Camddeall swyddogaeth y wladwriaeth a wna'r rhyddfrydwyr traddodiadol felly. Nid mater o ddyrchafu diwylliant lleiafrifol mohono ond, fel y datgana Kymlicka, unioni'r annhegwch a'r anghyfartaledd sydd wedi eu gwreiddio yn hanes diwylliant y lleiafrif:

> Granting special representation rights, land claims or language rights to a minority need not, and often does not, put it in a position to dominate other groups. On the contrary [. . .] such rights can be seen as putting the various groups on a more equal footing, by reducing the extent to which the smaller group is vulnerable to the larger.[35]

Kymlicka yw'r amlycaf o'r rhyddfrydwyr diwylliannol i ddatblygu theori ar hawliau lleiafrifoedd ochr yn ochr â hawliau dynol. Amlygodd Kymlicka yr ymadrodd *benign neglect* a fathwyd gan Nathan Glazer er mwyn disgrifio diffyg ymyrraeth y wladwriaeth mewn materion yn ymwneud â lleiafrifoedd.[36] Yn ei lyfr arloesol *Multicultural Citizenship*, mae'n gwahaniaethu rhwng tri phatrwm o amlddiwylliannedd ar gyfer grwpiau cynhenid, grwpiau is-wladwriaethol a grwpiau mewnfudol.[37] Mae'r ymgais i wahaniaethu rhwng y grwpiau hyn yn hanfodol, yn ôl Kymlicka, gan fod hawliau'r grwpiau yn amrywio. Yn gyntaf, ceir hawliau ar gyfer y grwpiau cynhenid trwy hawliau tiriogaethol, diwylliannol a hunanlywodraethol. Yn ail, cawn ffurf is-wladwriaethol o amlddiwylliannedd ar gyfer lleiafrifoedd cenedlaethol megis y Basgwyr a'r Catalaniaid yn Sbaen, y Cymry a'r Albanwyr ym Mhrydain, y Québécois yng Nghanada a'r De Tyroliaid yn yr Eidal. Mae eu hawliau yn cwmpasu hunanlywodraeth, statws ac ariannu iaith leiafrifol mewn addysg a bywyd cyhoeddus a chydnabyddiaeth lywodraethol o 'amlgenedlaetholdeb'. Yn drydydd, ceir trefn wahanol ar gyfer grwpiau mewnfudol gan gynnwys cynrychiolaeth ethnig mewn addysg a bywyd cyhoeddus, cydnabyddiaeth lywodraethol i amddiwylliannedd, cyllid ar gyfer addysgu dwyieithog neu hyfforddiant yn eu mamiaith.[38] Y nod yw cydnabod ymlyniad ethnig yn y sffêr breifat er mwyn hybu integreiddio economaidd a diwylliannol yn y sffêr gyhoeddus. 'It is a revision of integration rather than a rejection of it', fel y dywed May.[39] Integreiddio llwyddiannus felly yw'r cymhelliad i grwpiau mewnfudol nad oes ganddynt yr un hawliau dros hunanlywodraeth â'r lleiafrifoedd cenedlaethol a chynhenid.

O'r tri grŵp gwahanol, nodir mai'r grwpiau mewnfudol sydd yn cael y derbyniad mwyaf cymysg gan y gwladwriaethau. Y rheswm am hyn yn bennaf yw bod angen ystyried bod y newydd-ddyfodiaid yn 'ddinasyddion' yn hytrach nag yn 'ymwelwyr' neu'n 'ddieithriaid'.[40] Gwelir hefyd nad yw'r grwpiau bob amser yn cydweddu â'i gilydd, e.e. nid yw grwpiau ethnig o reidrwydd am gefnogi cais grwpiau cenedlaethol am fwy o bwerau hunanlywodraethol. Nid yw ychwaith yn golygu y bydd lleiafrifoedd is-wladwriaeth o blaid dinasyddiaeth amlddiwylliannol ar gyfer lleiafrifoedd ethnig. Ar ben hynny, nid yw llywodraeth o reidrwydd yn cydnabod cyfuniad o hawliau 'amlgenedlaethol' ac 'aml-ethnig' yn ei pholisi cyhoeddus. Ar y naill law, bu Sweden yn hynod gefnogol i amlddiwylliannedd grwpiau ethnig ond nid yw'n estyn yr un gefnogaeth i'r grŵp Sami – pobl gynhenid fewnol Sweden.[41] Ar y llaw arall, mae'r Swistir yn fodel blaenllaw o gymhwyso lleiafrifoedd cenedlaethol gyda hawliau hunanlywodraethol er gwaetha'r ffaith fod y wlad yn nacáu hawliau i fewnfudwyr. Ys dywed Kymlicka: 'Countries can be advancing along one track, while retreating along another'.[42] Yr her felly yw llunio polisïau sydd yn cydnabod y ddau, a'r hawliau sydd ynghlwm wrthynt, er mwyn datblygu dimensiynau mwy lluosog o fewn y genedl-wladwriaeth.

Nid yw'r ddadl sydd yn hollti hawliau unigolyddol a hawliau grŵp yn ddilys yn ôl Kymlicka. Mae dinasyddiaeth wahaniaethol yn golygu bod hawliau unigolyddol yn sail i hawliau grŵp: 'most such rights are not about the primacy of communities over individuals, rather, they are based on the idea that justice between groups requires that the members of different groups be accorded different rights'.[43] Mae hawliau 'grŵp' e.e. hawl y Cymry neu'r Québécois i ddefnyddio'r Gymraeg neu'r Ffrangeg mewn llys, wedi'u seilio hefyd ar hawliau unigolyddol. Rhydd Kymlicka bwyslais ar hawliau gwahaniaethol grŵp o fewn fframwaith rhyddfrydiaeth ddemocrataidd. Gwneir hynny trwy wahaniaethu rhwng 'cyfyngiadau mewnol' ac 'amddiffynfeydd allanol'. Mae' cyfyngiadau mewnol' yn golygu cyfyngiad ar hawliau rhyddid unigolion ar sail cynnal undod grŵp, ond gall fod yn wrth-ryddfrydol. Mae 'amddiffynfeydd allanol' yn cyfeirio at ymgais grwpiau i amddiffyn eu hunaniaeth trwy gyfyngu ar benderfyniadau'r gymdeithas ehangach. Ystyria Kymlicka y gellir cefnogi 'amddiffynfeydd allanol' er mwyn hybu tegwch i'r grŵp dan anfantais, er bod rhaid cwestiynu 'cyfyngiadau mewnol' os ydynt yn cyfyngu ar ryddid unigol neu grŵp. Gesyd Kymlicka hawliau iaith fel ffurf ar 'gyfyngiad allanol' nad yw'n wrth-ryddfrydol nac ychwaith yn cyfyngu ar symudoledd economaidd a chymdeithasol ehangach.[44]

Ceir dadl ddamcaniaethol ryddfrydol gadarn dros gynnig amlddiwylliannedd ar gyfer is-wladwriaethau, gan gynnwys hyrwyddo hawliau lleiafrifoedd cenedlaethol yn ogystal â grwpiau mewnfudol. Er nad yw Llywodraeth Cymru yn ymhelaethu ar natur amlddiwylliannedd yn y pecyn croeso i fewnfudwyr yn 2010, ymddengys mai ymdrech ydoedd i roi cydnabyddiaeth i leiafrif cenedlaethol Cymraeg o fewn y mosäig amlddiwylliannol.

Canada, serch hynny, yw'r enghraifft enwocaf o wladwriaeth sydd wedi mabwysiadu amlddiwylliannedd i'r eithaf. Er bod gwladwriaethau Ewrop wedi troi min ar amlddiwylliannedd, honnir mai Canada yw'r wlad sydd yn modelu ei arferion gorau. Datgana Justin Trudeau, Prif Weinidog Canada, fod amlddiwylliannedd yn parhau i ddal ei dir yng Ngogledd America.[45] Yng Nghanada, gwelir y nifer uchaf o fewnfudwyr yn dod yn ddinasyddion ac yn cael eu cynnwys yn wleidyddol, yn economaidd ac yn gymdeithasol. Ni chânt yr un anawsterau â mewnfudwyr mewn gwledydd eraill wrth gael swydd ac mae Canadiaid yn llawer mwy tebygol o ystyried mewnfudo fel rhywbeth buddiol i'w gwlad nag yw trigolion unrhyw wlad arall yn y byd.[46] Er bod Kymlicka yn honni bod rhai Canadiaid yn eu gweld eu hunain fel arweinwyr goddefgarwch, nid rhinweddau'r bobl sydd wrth galon llwyddiant amlddiwylliannedd yno, ond 'lwc'.[47]

'Bargen wleidyddol' ydoedd amlddiwylliannedd yn dilyn adfywiad lleiafrifol cenedlaethol Québec yn y chwedegau, yn sgil yr hyn a elwir *la révolution tranquille.* O ganlyniad, gwelwyd mesurau newydd yn cynnwys defnydd y Ffrangeg gan ei gosod yn iaith swyddogol a thrwy bwysleisio deuoliaeth a deu-ddiwyllianrwydd y wladwriaeth yn sgil gosod 'Prydain' a 'Ffrainc' fel y cenhedloedd sefydliadol. Mabwysiadwyd amlddiwylliannedd yn swyddogol ym 1971 a bathwyd slogan gwladwriaethol yn hyrwyddo 'amlddiwylliannedd dan fframwaith dwyieithog'. Yn ôl Kymlicka, ymateb oedd hwn i chwyldro ehangach ar hawliau dynol. Fel y nodwyd eisoes, datblygodd amlddiwylliannedd o ganlyniad i adfywiad ethnig, chwyldro hawliau dynol a rhyddfrydoli cymdeithas y tu mewn i wladwriaethau, gan gynnwys hefyd adfywiad cenedlaethol Cymru ym Mhrydain. Atgyfnerthir hyn gan eiriau Pierre Trudeau, Prif Weinidog Canada (a thad Prif Weinidog cyfredol Canada, Justin Trudeau), yn ystod y chwedegau a'r saithdegau: 'a policy of multiculturalism within a bilingual framework is basically the conscious support of individual freedom of choice'.[48]

Er i gamau cyntaf amlddiwylliannedd yng Nghanada gael eu symbylu gan ofidiau am gydlyniant cenedlaethol ynghyd ag effaith rhyddfrydoli cymdeithas, heriwyd y newidiadau hyn gan y grwpiau ethnig a oedd wedi hen ymsefydlu yng Nghanada, megis yr Eidalwyr, y Pwyliaid a'r Wcraniaid. Ofnai'r grwpiau hyn y byddai eu hawliau hwy'n cael eu diystyru a'u gosod ar yr ymylon yn sgil pwyslais 'deuoliaeth' genedlaethol.[49] O ganlyniad, ehangwyd ffiniau amlddiwylliannedd er mwyn cynnwys nifer gynyddol o leiafrifoedd hil trwy bwysleisio gwrth-hiliaeth a model cynhwysol o ddinasyddiaeth ddemocrataidd. Fe'i datblygwyd ymhellach wrth ymateb i fewnlifiad cynyddol o bobl o wledydd y tu allan i Ganada, sylw cynyddol i gamdriniaeth y Cenhedloedd Cyntaf, pobloedd cynhenid Canada, a thrwy ailddehongli ethnigrwydd i gynnwys lleiafrifoedd ethnig.

Cred Kymlicka fod polisïau amlddiwylliannedd wedi llwyddo i osod 'ethnigrwydd' a 'hil' ochr yn ochr â'i gilydd. I'r gwrthwyneb, cred Tariq Modood fod y wladwriaeth Brydeinig yn trin ei grwpiau ethnig ar sail llinynnau hil, sef y nodweddion corfforol, yn hytrach nag ethnigrwydd, sef y nodweddion diwylliannol megis iaith.[50] O ganlyniad, collir cefnogaeth y grwpiau lleiafrifol trwy anwybyddu gwerthoedd a chyfraniad eu hunaniaethau a'u diwylliannau priodol.[51] Disgrifir perthynas Canada ag amlddiwylliannedd gan Kymlicka fel 'arbrawf esblygol' sydd yn ymateb i'r ffactorau amrywiol y tu mewn a'r tu allan i'r wladwriaeth. Yr her yng Nghanada heddiw, fel mewn gwledydd democrataidd eraill, yw sut i gymhwyso gofynion crefyddol o fewn fframwaith rhyddfrydiaeth ddemocrataidd. Mae hwn yn brosiect parhaol a chymhleth ond mae'n hanfodol er mwyn cadw seiliau cadarn dinasyddiaeth gyffredin pan-Ganadaidd.

Fodd bynnag, nid y mewnfudwyr na'r grwpiau ethnig sydd yn peri'r bygythiad mwyaf i gyfansoddiad Canada heddiw. Er i amlddiwylliannedd Canada esblygu yn sgil awydd cynyddol i Québec ymwahanu, y lleiafrif cenedlaethol hwn sydd yn parhau i danseilio harmoni cyfansoddiadol y mosäig pan-Ganadaidd. Rhwng Québec a Chanada, ceir cystadleuaeth i gymathu mewnfudwyr naill ai i'r gymuned québécois neu i'r gymuned pan-Ganadaidd. Ni ddisgrifiant eu hunain yn Ganadiaid Ffrengig nac ychwaith yn Ganadiaid Québec-aidd – Québécois ydynt. Ni fabwysiadwyd model amlddiwylliannol Canada yn Québec ond bu iddynt feithrin fersiwn unigryw o gymhwyso amrywiaeth, sef rhyngddiwylliannedd 'is-wladwriaethol'.

Cymathiad

Mae amlddiwylliannedd yn amlwg wedi datblygu ar drywydd gwahanol ym Mhrydain a Chymru wrth ymdrin yn bennaf â mewnfudwyr ôl-drefedigaethol yn hytrach na lleiafrifoedd cenedlaethol.[52] Mae hyn yn wir hefyd am y pwyslais newydd ar ryngddiwylliannedd, damcaniaeth a fathwyd yn Québec, ond gan arddangos gwedd wahanol ym Mhrydain, a Chymru. Tra bo'r ffenomen amlddiwylliannol wedi cynhyrchu disgrifiadau megis 'parallel societies' neu 'plural monoculturalism'[53] – y prif nodwedd gyda rhyngddiwylliannedd yw'r pwyslais ar 'ddeialog' a 'chyf-athrebu'. Wrth drafod rhyngddiwylliannedd yng Nghymru, eglurodd un swyddog sifil ar ran Llywodraeth Cymru wrthyf beth yw cyfyngiadau amlddiwylliannedd: 'There was a multicultural approach [. . .] People were invited to go and learn about different things but didn't reciprocate and learn about this culture.' Nid yw'n eglur beth yn union a olygir gan 'this culture' a sut mae hyn yn trosglwyddo i gymunedau Cymraeg a Saesneg eu hiaith. Serch hynny, cymherir hyn gyda chyfweliad â swyddog sifil arall sydd yn pwysleisio ei bod hi'n bwysig trin y Gymraeg yng nghyd-destun ieithoedd lleiafrifol eraill:

> Fel dych chi'n cofio fi'n sôn yn gynharach am y *multicultural awareness*. Taswn i'n cynnal un o rheini ac yn dweud 'reit 'dan ni'n mynd i fod yn hyrwyddo'r Gymraeg heddiw 'ma'. Fasa hynny'n ddigon teg hefo pobl ethnig ond fasa fo ddim yn deg i ddweud ein bod ni'n mynd i hyrwyddo'r Gymraeg yn unig.

Dywed hefyd na fyddai swyddogion eraill yn caniatáu i'r Gymraeg gael blaenoriaeth dros unrhyw iaith arall a hynny ar sail tegwch cymdeithasol. Coda hyn gwestiwn sydd wrth wraidd cymhwyso amrywiaeth yng Nghymru, sef sut yn union y diffinnir y gymuned groeso yng Nghymru? Ai cymuned ddwyieithog ydyw, cymysgedd o gymunedau Cymraeg a Saesneg eu hiaith, neu Saesneg uniaith? A ydyw model amlddiwylliannol neu ryngddiwylliannol yn ffafriol i Gymru neu ai model cymathol Seisnig ydyw? Dyma'r hyn a ddywed y Cyngor Ewrop am amlddiwylliannedd:

> Multiculturalism [. . .] – is it an ideology? a set of policies? a social reality? – that in the end it confuses more than it clarifies. We have therefore decided to avoid using this term and instead to concentrate on identifying policies and approaches that will enable European societies to combine diversity and freedom.[54]

Mae gwrthwynebiad swyddogol i amlddiwylliannedd gan gorff mor ddylanwadol â Chyngor Ewrop yn bygwth ysgwyd seiliau amlddiwylliannedd fel dull sydd yn cymhwyso amrywiaeth ddiwylliannol y gymdeithas fodern. Rhoddir cryn sylw i'r adlach sy'n herio amlddiwylliannedd mewn llyfr arwyddocaol gan Steve Vertovec a Susanne Wessendorf, *The Multiculturalism Backlash*.[55] Yma cyflwynir dadleuon cynhwysfawr am y gwrthwynebiad i amlddiwylliannedd ar lefel theoretig a pholisi cyhoeddus ym Mhrydain ac Ewrop. Yn y gyfrol hon, crynhoir y prif wrthwynebiad i amlddiwylliannedd o edrych arno megis athrawiaeth neu gredo unffurf, statig. Rhoddir sylw i feirniadaeth agored gwrthwynebwyr cyhoeddus ym Mhrydain megis David Cameron a feirniadodd effaith amlddiwylliannedd ym Mhrydain yn nhermau '[a] deliberate weakening of our collective identity'.[56] Yn yr Almaen, ceir lleisiau amlwg megis Dr. Stephan Lust yn *Abscheid von Multikulti* yn beirniadu'r 'Multi-Kulti-Romantik' am ei fod yn ffafrio hawliau lleiafrifoedd wrth ddallu gwleidyddion i beryglon ymwahaniad ethnig.[57]

Honna Vertovec fod y gogwydd oddi wrth amlddiwylliannedd tuag at integreiddio sifig yn nodweddu'r hyn a elwir yn *seismic shift*.[58] O ganlyniad, lluniwyd polisïau a rhaglenni newydd ledled Ewrop ar integreiddio mewnfudwyr gan gynnwys cyflwyniad i brofion iaith a dinasyddiaeth mewn gwladwriaethau megis Prydain, Ffrainc a'r Almaen. Yn yr Almaen, dadleuir y bydd pwyslais model integreiddio Almaenig *fordern und fördern* – cyfrannu a chefnogi – o hyn allan yn rhoi pwyslais trymach ar *fordern* trwy orfodi mewnfudwyr i fynychu gwersi Almaeneg. Hefyd, trwy'r gyfraith fewnfudo newydd yn 2006, cyflwynwyd profion iaith yn Ffrainc gan wahardd trwydded breswyl i'r rhai nad ydynt yn rhugl mewn Ffrangeg.[59]

Ymdebyga'r gwrthwynebiad i amddiwylliannedd heddiw i'r *crise d'accommodement* yn Québec yn ystod blynyddoedd cynnar yr unfed ganrif ar hugain. Deilliodd yr argyfwng yn sgil nifer yr achosion a godwyd mewn perthynas â 'chymwysiadau' neu 'freintiau' diwylliannol mewnfudwyr a lleiafrifoedd ethnig Québec. Achoswyd cynnwrf ymhlith y cyhoedd wrth i'r cyfryngau gydio mewn achosion megis dynion yn cael eu gwahardd o ddosbarthiadau mamau beichiog ar gais menywod Mwslemaidd yn ogystal â gorfodaeth honedig ar y sector fwyd i newid ryseitiau er mwyn cydymffurfio â safonau Iddewon Uniongred. Comisiynwyd adroddiad gan y gwleidydd Charles Taylor a'r cymdeithasegwr Gérard Bouchard er mwyn ymchwilio i'r achosion hyn. Daethpwyd i'r casgliad mai *crise de perception* oedd wrth wraidd y fath achosion yn hytrach nag anghysondebau dyfnach. Yn yr un modd, awgrymodd Vertovec fod effeithiau amlddiwylliannedd ym Mhrydain ac Ewrop wedi'u gwyrdroi gan y cyfryngau. Yng ngeiriau David McGhee: 'we have entered into a phase of reflexive multiculturalism in which the term "multiculturalism" has been driven underground, while some of the strategies associated with multiculturalism continue to influence policy and practice at the "local" level'.[60] Awgryma Vertovec a Wessendorf mai *crise de perception* yn wir sydd wrth wraidd y gwrthwynebiad. Camddealltwriaeth o egwyddorion amlddiwylliannedd a diffyg gweithredu llawn o'r polisïau sydd wedi esgor ar yr argyfwng yn ôl y farn hon.[61]

Serch hynny, ceir carfan ddylanwadol o athronwyr sydd yn dewis ymwrthod ag egwyddorion amlddiwylliannedd am resymau pellach. Mae safbwynt egalitaraidd yr athronydd nodedig, Brian Barry, yn gyfraniad dylanwadol i'r garfan o wrthwynebwyr i amlddiwylliannedd. Yn ei lyfr *Culture and Equality*, daw i'r casgliad fod amlddiwylliannedd yn dinistrio ymdrechion byd-eang i sefydlu cydraddoldeb cymdeithasol.[62] Un o'i brif ddadleuon yw bod yr ymdrech i sefydliadoli amrywiaeth ddiwylliannol trwy wleidyddiaeth amlddiwylliannedd yn ffafrio hunaniaeth ddiwylliannol ar draul egwyddorion cydraddoldeb a rhyddid ac yn caniatáu perthynolaeth ddiwylliannol. Pwysleisir pwysigrwydd sefydlu hunaniaeth gyffredin a hynny gan gymell lleiafrifoedd i rannu'r un hunaniaeth genedlaethol bwrpasol: 'a common commitment to the welfare of the larger society made up of the majority and the minority (or minorities), and mutual trust in others to abide by that commitment even when it entails sacrifices'.[63] Mae addasu eich *habitus*[64] ieithyddol yn bris angenrheidiol er mwyn llwyddo yn y byd modern (a hynny trwy'r Saesneg) a thrwy ffafrio *difference-blind approach*[65] yn hytrach na gwleidyddiaeth ranedig amlddiwylliannedd. O ganlyniad, mae pwysau ar leiafrifoedd i aberthu eu hieithoedd a'u diwylliannau yn y peuoedd cyhoeddus er mwyn ymdoddi i'r fframwaith mwyafrifol: 'I think that it is an appropriate objective of public policy in a liberal democratic state [that] all immigrants – or at least their descendants – become assimilated to the national identity of the country in which they are settled'.[66]

Nid hawliau mewnfudwyr yn unig a gaiff eu beirniadu serch hynny. Defnyddia Barry enghraifft Cymru er mwyn gosod cyd-destun i'w wrthwynebiad. Noda fod ffafriaeth y farchnad lafur at siaradwyr dwyieithog Cymraeg a Saesneg yn ffordd o gamwahaniaethu yn erbyn siaradwyr uniaith: 'unless knowledge of Welsh can be shown to be related to the effective discharge of duties of the job [. . .] it is clearly unfair discrimination'.[67] Fel Barry, mae Charlotte Williams, o blith carfan o academyddion ôl-drefedigaethol, hefyd yn defnyddio enghraifft Cymru i wrthwynebu amlddiwylliannedd. Yn '"Can we live together?": Wales and the Multicultural Question', honna fod Cymru wedi esgeuluso amrywiaeth ethno-ddiwylliannol er mwyn canolbwyntio ar ddiffinio iaith yn ei hunaniaeth.[68] Yn ei thyb hi, mae hyn yn eithrio eraill rhag uniaethu â Chymru erbyn heddiw: 'this produces the "not-identities" of Wales as inevitably the lack of language skills is felt to compromise some people's claim to Welshness'.[69] O ganlyniad, honna Charlotte Williams fod lleiafrifoedd ethnig yn ystyried Cymreictod yn ethnoganolog: 'Along with many others, the majority of ethnic minority individuals would find any definition of Welshness based on language somewhat exclusive'.[70]

Gwrthwyneba Charlotte Williams gategorïau Kymlicka ar hawliau gwahanol grwpiau ethnig. Honna fod hollti hawliau gan roi mwy o hawliau i un grŵp na'r llall (megis hawliau tiriogaethol i'r Gymraeg) yn gallu arwain at ymwahaniad. Yn wir, dadleua fod hyn yn elfen nodweddiadol o Gymru, sef bod y genedl wedi'i hollti yn ieithyddol ac yn ddiwylliannol, a'r ochr Gymraeg, yn ei thyb hi, sydd yn cynhyrchu monoddiwylliannedd: 'Wales is in fact not a bi-lingual society but a bi-cultural society in which one side of the 'bi' strive increasingly towards mono-culturalism whilst the other is barely acknowledging the challenge of a broader multiculturalism'.[71] Fel hyn, cred Charlotte Williams fod gwleidyddiaeth y Gymraeg yn gwneud sefyllfa Cymru yn broblematig gan geisio cysoni 'the Celtic essence' a'r amrywiaeth cynyddol ar dir Cymreig: 'Squaring the oxymoron [. . .] in the Welsh context is apparently relying much more on assimilation and universalism than more open models of integration'.[72] Er nad yw Charlotte Williams yn ymhelaethu ar ba fodel integreiddio a all fod yn gymwys i Gymru, cred mai rôl ymylol, ddewisol sydd gan y Gymraeg i hunaniaeth a dinasyddiaeth genedlaethol Gymreig. Yn ei barn hi, ni ddylid felly ddisgwyl neu orfodi lleiafrifoedd ethnig a mewnfudwyr i Gymru ddysgu Cymraeg ar sail y ffaith nad yw'n adlewyrchu nifer o ffyrdd y gellir bod yn Gymreig a hefyd gan ei fod yn ffordd o gymathiad i mewn i genedlaetholdeb ethnig. Ymddengys, serch hynny, mai fersiwn o genedlaetholdeb ethnig ieithyddol y Rhamantwyr Almaenig sydd yn cyflyru syniadau Charlotte Williams am y Gymraeg.

Tra bo Barry a Charlotte Williams yn beirniadu'r oruchafiaeth a roddir i'r lleiafrifoedd gan agenda amlddiwylliannedd, mae Slavoj Žižek yn condemnio amlddiwylliannedd fel ffurf guddiedig o ymestyn imperialaeth y Wladwriaeth.[73] Mae amlddiwylliannedd, yn ôl Žižek, yn rhan o ideoleg ehangach sydd yn nodweddu cyfalafiaeth y Gorllewin. Yn yr un modd ag y mae cyfalafiaeth gymdeithasol yn ffurf o drefedigaeth heb wladychu'r genedlwladwriaeth, mae amlddiwylliannedd hefyd yn drefedigaeth yn oes globaleiddio, lle mae'r mwyafrif gwladwriaethol yn dominyddu'r lleiafrif ethnig wrth gadw ei bellter oddi wrtho. Disgrifia Žižek y ffordd y mae amlddiwylliannedd yn gosod gwisg o oddefgarwch amdano trwy dderbyn y lleiafrif neu'r 'Arall', er gwaetha'r ffaith na dderbynnir nodweddion diwylliannol sydd yn gwneud yr 'Arall' yn wahanol. Yn ôl Žižek, mae cynnal perthynas 'barchus' â'r lleiafrif yn ffordd o arddel goruchafiaeth y mwyafrif. Yn eu dwylo hwy y ceir pŵer i werthfawrogi a thanseilio diwylliannau. Tra bo Barry a Charlotte Williams yn defnyddio Cymru er mwyn gosod cyd-destun i'w gwrthwynebiad, mae barn Žižek am y berthynas rhwng Serbia a Slofenia yn cael ei chymharu â chyd-destun Prydain a Chymru gan Daniel G. Williams:

> [. . .] when I converse with members of the so-called Serb democratic opposition, they say they are in favour of a cosmopolitan democratic Serbia whose defining quality is citizenship and not national belonging. OK, I accept this. But this is where the problems begin, because if you speak with them a little bit longer, you discover a certain

> political vision that tries to disguise cultural particularity as democratic universalism. For example, if you ask them about Slovene autonomy, they will argue that Slovenia is a small self-enclosed nation and that they, by contrast, are in favour of an anti-nationalist democratic society which is not self-enclosed.[74]

Yn y dyfyniad hwn, dywed Žižek fod Serbia yn ymarfer cenedlaetholdeb ar ddwy lefel gan olygu mai Serbia yn unig sydd â'r gallu i gynnal dinasyddiaeth ddemocrataidd ac amlddiwylliannol. Canlyniad hyn, yn nhyb Žižek, yw math o 'resymeg ddeublyg' trwy ddynodi Serbia fel gwladwriaeth fodern, ddatblygol a democrataidd tra bo Slofenia yn draddodiadol, yn gyntefig ac yn ethnig. Caiff hyn ei gymharu â Phrydain a Chymru: 'The problem lies in the fact that while British is narrativised, evolving and dynamic, its contributory peoples are essentialised as static races'.[75] Ehanga Daniel G. Williams ar y ddadl drwy sôn am amlddiwylliannedd Saesneg a'r gred Brydeinig mai'r Saesneg yn unig yw'r unig borth at genedligrwydd sifig-ddemocrataidd. Mae amlddiwylliannedd Seisnig felly yn ymdebygu i dawddlestr ac yn deillio o'r oes Fictoraidd gyda syniadau Matthew Arnold am ymgorfforiad o'r elfen 'Geltaidd' o fewn mwyafrif Seisnig diwylliedig. Atgyfnertha Daniel G. Williams y pwynt hwn drwy gyfeirio at ddathliadau seremoni agoriadol a chau'r Gemau Olympaidd 2012 a oedd yn arddangos Prydain fel tawddlestr aml-ethnig deinamig, ond gan bortreadu Cymru fel cenedl ethnig draddodiadol heb unrhyw gyfeiriad at ddiwylliant amlddiwylliannol a modern Cymreig.[76]

Drwy hyn, caiff yr elfen gudd gymathol yn yr 'ethnig' sydd ynghlwm wrth amlddiwylliannedd rhyddfrydol ei beirniadu a'i disgrifio fel barbariaeth ffug-ddynol. Mae'r syniadau hyn am anghyfiawnder a goruchafiaeth fwyafrifol yn tynnu ar yr un gwreiddiau â syniadau Kymlicka am *benign neglect*. Yn wir, yn y ddau achos, dangosir nad yw'r 'sifig' yn ddiduedd, ond yn hyrwyddo ei agenda ei hun, sef diwylliant hegemonaidd. Yng ngeiriau Charles Taylor: 'a particularism masquerading as the universal'.[77] Yng Nghymru, dadleua Brooks y gall cenedlaetholdeb sifig filwrio yn erbyn y Cymry Cymraeg a'r iaith Gymraeg gan nodi bod gwerthoedd sifig yn aml yn fath o ragfarn wrth-leiafrifol wedi'i sefydliadoli[78] neu drais symbolaidd yng ngeiriau Bourdieu.[79] Yn ôl Bourdieu, mae'r dinesig yn meithrin *habitus* penodol (sydd yn seiliedig ar ethnigrwydd y mwyafrif). Mae'n galluogi cyfalaf cymdeithasol a symbolaidd tra y gall hefyd, ar yr un pryd, warafun cyfalaf y lleiafrif, a thrwy hynny orfodi cymathiad i'r dinesig. Er y gall cenedlaetholdeb sifig drin y Gymraeg fel iaith anhygyrch, credir bod y Saesneg yn dianc rhag culni ethnig. Yn achos Cymru, mae rôl y Gymraeg yn parhau i fod yn broblematig i gynhwysiant a chydlyniant ar lefel genedlaethol ac fel yr awgrymwyd gan un o'r swyddogion sifil a holais, rhaid i'r Gymraeg gael ei thrin ar yr un lefel ag ieithoedd lleiafrifol eraill yng Nghymru.

Rhyngddiwylliannedd

> I think when I approach cohesion now, it's a term that Ted Cantle is calling interculturalism. [. . .] The Welsh Government have used a definition that has been used by the British Government and they talk about community cohesion being a set of principles and things that must happen in the community to make it cohesive. [. . .] but it also talks about ways of bringing people together and that's about trying to capture some of that discussion around British values maybe and that kind of thing.

Nid yw'r dyfyniad uchod gan swyddog ar ran Llywodraeth Cymru yn cuddio'r ffaith fod polisïau cydlyniant cymunedol Cymru yn treiddio o syniadau Prydeinig am integreiddio, yn benodol ideoleg rhyngddiwylliannedd sydd yn cael ei gynnig gan yr Athro Ted Cantle. Yn dilyn terfysgoedd yng ngogledd Lloegr 2001, bu Cantle yn gyfrifol am lunio'r 'Cantle Report', a gomisiynwyd gan Lywodraeth y Deyrnas Unedig, yn ogystal â datblygu cysyniadau am 'gydlyniant cymdeithasol' ym Mhrydain. Yn ei gyfrol, *Interculturalism; the new era of cohesion, diversity and globalisation*, amlinella Cantle syniadau am ryngddiwylliannedd fel system genedlaethol o gymhwyso amrywiaeth ddiwylliannol yn yr unfed ganrif ar hugain:

> Interculturalism can begin to eclipse the narrative of multiculturalism, which is still generally conceptualised as being about the relationships between the majority and minority populations within nation-states

> and revolving around singular and binary concepts of racialised difference.[80]

Beirniada Cantle dueddiad amlddiwylliannedd i ganolbwyntio ar 'hil'. Y caethiwed hwn, yn ei dyb ef, yw cyfyngiad amlddiwylliannedd a hyrwyddir gan Modood a Meer (cefnogwyr amlddiwylliannedd ym Mhrydain), gan eu bod yn diffinio amlddiwylliannedd yn nhermau hil o fewn ffiniau cenedlaethol. Wrth feirniadu'r dicotomi rhwng y mwyafrif a'r lleiafrif, nid yw'n syndod bod Cantle yn gwrthwynebu rhyngddiwylliannedd Québec. Yn ei dyb ef, cynllun cymathol ydyw wedi'i ysgogi gan gymwysiadau penodol, yn bennaf oll, y cymhwysiad i ddysgu Ffrangeg. Mae rhyngddiwylliannedd Québec yn gyfyng oherwydd y duedd i lynu at bwysigrwydd yr elfen orfodol o ddysgu Ffrangeg. Er bod y cymwysiadau yn cysuro'r gymdeithas yn Québec, nid yw'n ystyried natur newidiol diwylliant yn oes globaleiddio. Meddai: 'Trying to "buck the market" of cultural change by holding on to a fixed conception of culture is a futile exercise'.[81] Yn yr ystyr hwn, awgryma Cantle fod rôl ganolog y Ffrangeg yn y gymdeithas yn arwydd o ddiwylliant sydd yn amharod i dderbyn newidiadau oes globaleiddio. Galwa am ystyried globaleiddio ar lefel fwy dialectig a'r angen am gyd-ddealltwriaeth rhwng diwylliannau yn hytrach na bod diwylliant yn diffinio hunaniaeth bersonol yn erbyn hunaniaethau eraill.

Daw safbwynt Cantle yn fwy amlwg wrth esbonio effaith globaleiddio ar y gymdeithas fodern. Er iddo gymeradwyo ysbryd rhyddfrydol ar ôl yr Ail Ryfel Byd, esbonia fod hyn wedi troi i gyfeiriad cenedlaetholgar gyda gwleidyddiaeth hunaniaeth yn sgil twf globaleiddio: 'Globalisation might have been expected to bring nations together by building upon these aspirations and giving effect to them but, rather, it seems our "distinctions" have become more manifest and salient'.[82] Noda mai oes globaleiddio sydd wedi paratoi'r tir ar gyfer cosmopolitaniaeth. Dadleua Cantle fod hunaniaeth gosmopolitanaidd yn galluogi cysyniadau mwy cynhwysol o hunaniaeth na'r genedl-wladwriaeth. Er iddo ddal na ddylid rhwystro parhad diwylliannol, cwestiyna Cantle rôl y wladwriaeth wrth hyrwyddo'r dreftadaeth gan nodi y byddai'n fwy buddiol buddsoddi mewn datblygiadau sydd yn trosgynnu ffiniau cenedlaethol, ethnig a chrefyddol gan symud at 'ddinasyddiaeth fyd-eang'. Yn yr un modd, cymeradwya Cantle waith Cyngor Ewrop yn ogystal â'r Cyngor Prydeinig sydd yn mabwysiadu'r un meddylfryd rhyngddiwylliannol.[83]

Er y pwyslais ar gyfnewidioldeb a chymysgwriaeth gan y damcaniaethwyr cosmopolitaidd, nid yw eu safiad parthed yr 'ethnig' a'r 'lleiafrif' yn wahanol iawn i safbwynt y rhyddfrydwyr traddodiadol. Anwybydda'r damcaniaethwyr cosmopolitanaidd y ffaith fod modd uniaethu ar lefel ryngwladol, fyd-eang yn ogystal â lefel leol, genedlaethol a chymunedol. Nid ymddengys fod Cantle yn herio ethnigrwydd ac ieithoedd lleiafrifol fel y Gymraeg yn uniongyrchol. Dywed, ar ddiwedd ei gyfrol: 'A common language does not require the elimination of minority languages and there is no reason why their continuation should not be encouraged and fostered as part of a broader programme to celebrate and promote diversity'.[84] Er yr ymddengys hyn fel pe bai o blaid diwylliannau ac ieithoedd lleiafrifol, awgryma gosodiad o'r fath na chred fod rôl iaith leiafrifol fel y Gymraeg yn gallu llenwi'r un swyddogaeth ag iaith fawr. Felly, er iddo gefnogi parhad iaith ar lefel breifat, ymddengys na fyddai'n ymestyn yr un gefnogaeth at yr iaith ar lefel gyhoeddus, fel nodwedd a all gyfoethogi economi a chymdeithas ddemocrataidd.

Yn ôl Kymlicka, perygl rhyngddiwylliannedd yw'r pwyslais ar y lefel ryngwladol ar draul y lefel leol. Dadleua yn ei ysgrif 'Multicultural States and Intercultural Citizens' fod apêl gwledydd a diwylliannau mwyafrifol a dylanwadol yn fwy atyniadol i ddinasyddion na sefydlu deialog rhyngddiwylliannol ag iaith a diwylliant lleol arall.[85] Esiampl yr Almaen sydd yn enwog am bwysleisio addysg Saesneg a rhaglenni cyfnewid gyda gwledydd Saesneg eu hiaith er gwaetha'r ffaith mai'r iaith a'r diwylliant Twrcaidd yw'r lleiafrif mwyaf o fewn y wlad. Yn ôl Kymlicka, nid yw triniaeth iwtopaidd o 'ddeall ein gilydd' ynghyd â chysyniad o 'ddinasyddiaeth fydeang' yn syniad rhyddfreiniol. Parha i ffafrio a hyrwyddo diwylliant y mwyafrif. Y pwyslais ar 'ddeall ein gwahaniaeth' ac felly'r model amlddiwylliannol, yn ei dyb ef, sydd yn esgor ar barch a goddefgarwch at eraill. Y casgliad felly yw na all rhyngddiwylliannedd ragori ar safbwynt deallusol amlddiwylliannedd.[86]

Tebyg iawn yw ymateb damcaniaethwyr amlddiwylliannedd ym Mhrydain, Meer a Modood, i'r drafodaeth ar ryngddiwylliannedd.[87] Cwestiynant pam mae 'cyfathrebu' a 'deialog' yn cael eu harddel fel gwerthoedd unigryw i ryngddiwylliannedd pan fo amlddiwyllianwyr eisoes yn rhoi canolbwynt i 'ddeialog' yn eu trafodaethau ar werthoedd amlddiwylliannol. Diddorol felly yw gweld Meer a Modood yn cymharu rhyngddiwylliannedd Québec yn gadarnhaol gydag amlddiwylliannedd. Dywedant fod cysyniad unigryw Québec o ryngddiwylliannedd wedi'i lunio'n strategol ar gyfer cenedlaetholdeb is-wladwriaethol ac mewn gwrthgyferbyniad ag amlddiwylliannedd Seisnig y Ganada ffederal. Tra bo amlddiwylliannedd Canada yn ffafrio safle mwy unigolyddol i ddiwylliant, mae rhyngddiwylliannedd yn Québec yn pwysleisio'r 'gwagle cyhoeddus' a 'phwrpas cyffredin' lle anogir yr unigolyn i gyfathrebu, cyfrannu a dadlau ynglŷn â'i hunaniaeth.

'Eithriad' Ffrengig y tu mewn i Ganada ffederal ac o fewn cyfandir Seisnig Gogledd America yw Québec. Yn dilyn newidiadau cymdeithasol, gwleidyddol ac economaidd ar draws Québec fel rhan o'r symudiad a elwir yn *revolution tranquille*, gwelwyd adfywiad ieithyddol ledled Québec. Symbylwyd hyn yn *Loi 101* – mesur pwerus sydd yn parhau i ddylanwadu'n gryf ar dirwedd ieithyddol Québec. Roedd hyn yn cynnwys ymwybyddiaeth fod y Ffrangeg dan fygythiad yn sgil y ffaith fod mewnfudwyr i'r dalaith yn cael eu hatynnu gan y Saesneg fel *lingua franca* ac iaith 'pŵer' byd busnes. Yn wir, a dyfynnu Levine, ymddangosai fel y byddai Montréal yn y chwedegau yn troi i fod yn ddinas amlddiwylliannol Saesneg ei hiaith.[88] Noda adroddiad gan y *Conseil supérieur de la langue française* y canlynol:

> Sylweddolodd siaradwyr y Ffrangeg yn raddol eu bod mewn sefyllfa o ddiglosia, hynny yw cydfodolaeth dwy iaith, neu, hyd yn oed sefyllfa iaith leiafrifol, gydag un ohonynt, y Saesneg yn yr achos hwn, ag iddi elfen o fri a oedd yn ei gwneud yn fwy atyniadol, yn arbennig i fewnfudwyr.[89]

Nid anelu'n unig swydd at integreiddio mewnfudwyr yr oedd Siarter y Ffrangeg (Loi 101) yn 1977. Wrth osod Ffrangeg fel unig iaith swyddogol ar lefel y dalaith, roedd yn mynd i'r afael â ffrangegeiddio cymdeithas Québec yn ei chyfanrwydd. Fel hynny, breiniwyd y Ffrangeg yn *langue normale et habituelle du travail* – iaith gyffredin ac arferol yn y gwaith.[90] Wrth reswm, daeth y broses o 'ffrangegeiddio' mewnfudwyr yn y gweithle yn flaenoriaeth amlwg i'r Llywodraeth. Fel y dywed Georgeault, un o'r cymhellion y tu ôl i'r *Commission Larose* ar ddyfodol y Ffrangeg yn Québec oedd 'yr ymwybyddiaeth bod y néo-Québécois yn creu gwrthdaro sylweddol ynghylch diogelwch y Ffrangeg yng Ngogledd America'.[91] Cyflwynodd y Siartr hon addysg Ffrangeg orfodol i blant mewnfudwyr yn ogystal â sicrhau hawliau addysg i'r lleiafrif ieithyddol Saesneg. Fel y dywed adroddiad y *Conseil supérieur de la langue française*, nid ystyriwyd bod cyfiawnder yn golygu'r un ateb i bob sefyllfa. Wrth hynny, golyga hyn na roddwyd hawliau cydradd i bob grŵp ieithyddol. Yn ysbryd rhyngddiwylliannol Québec, cydnabuwyd hawliau ieithyddol a diwylliannol pob grŵp ond rhoddwyd blaenoriaeth i'r grwpiau ieithyddol swyddogol, sef y Ffrangeg, fel yr iaith fwyafrifol, a'r Saesneg, fel y brif iaith leiafrifol:

> Nid ystyriwn fod cyfiawnder yn golygu cynnig yr un ateb ar gyfer pob sefyllfa, ond i ddarganfod atebion gwahanol ar gyfer sefyllfaoedd gwahanol er mwyn dod i drefn yn y pen draw sydd yn creu neu sicrhau'r hawl i bob dinesydd gael canlyniad cydradd.[92]

Gyda thwf yr oes globaleiddio, daw heriau newydd i Québec y bydd rhaid eu goresgyn os ydyw am barhau'n eithriad *francophonie* yng Ngogledd America. Dywed Bouchard, ysgolhaig a hanesydd Québec, fod angen ei holl nerth ar Québec fel cenedl yn y dyfodol os yw'n dymuno cynnal yr egwyddorion Ffrengig. Y gallu i integreiddio'r cymunedau gwahanol sydd o'r pwysigrwydd pennaf i Québec gan ei ddisgrifio fel 'blaenoriaeth bennaf os yw hi [Québec] am barhau'.[93] Disgwylir y bydd 19% o boblogaeth Québec yn fewnfudwyr erbyn 2031. Yn Montréal, tybir y bydd y ganran yn uwch – mae 30% o boblogaeth y ddinas yn fewnfudwyr.[94] Datgelodd ffigyrau Cyfrifiad Canada 2011 gynnydd sylweddol yn y nifer oedd yn siarad mamiaith heblaw am Ffrangeg a Saesneg yn Québec ac yn arbennig yn Montréal.

Sefydlwyd amlddiwylliannedd ar ddwy genedl a rannai'r un hawliau gan negyddu hawliau penodol i'r grŵp mwyafrifol a thrwy osod pob grŵp ethnig ar yr un lefel. Nid oedd hyn felly yn rhoi sylw penodol i gwestiynau megis y Ffrangeg yn Québec. Mae rhyngddiwylliannedd Québec felly yn ddatblygiad sydd yn ymdrechu i wrthsefyll amlddiwylliannedd Canada gan geisio ymateb i anghenion penodol sefyllfa leiafrifol ac eithriadol Québec.[95] Mae diffiniad Bouchard, yr ysgolhaig mwyaf adnabyddus o safbwynt hyrwyddo a datblygu model rhyngddiwylliannol Québec, yn datgelu bod rhyngddiwylliannedd yn gweithio o fewn cyd-destun lluosogrwydd. Rhoddir pwyslais ar 'integreiddio' drwy geisio'i lywio rhwng llwybrau'r modelau o gymathu ac ymwahanu. Trwy wneud hynny, blaenoriaethir diwylliant 'cyffredin', yn wahanol i ddiwylliant 'cydgyfeiriol' ond gan aros o fewn hawliau'r unigolyn. Ar sail perthynas 'mwyafrif-lleiafrif', dywed Bouchard fod rhyngddiwylliannedd yn ceisio uno'r sifig a'r diwylliannol, yr unigolyn a'r gymuned i gyd o dan ysbryd rhyddfrydol. Gan hynny, mae rhyngddiwylliannedd yn cefnogi ac yn parchu ieithoedd cynhenid eu mewnfudwyr ynghyd ag annog addysg yn eu hieithoedd. Pwysleisia fod integreiddio yn fwy tebygol gydag addysg a chynhaliaeth yr ieithoedd hyn. Serch hynny, mae pwyslais ar Ffrangeg fel yr iaith swyddogol ynghyd â'i rôl yn datblygu hunaniaeth gyffredin—*un sentiment d'appartenance*. Mae'n berthnasol felly i bob 'dinesydd' Québec, mewnfudwr neu beidio, gyfrannu at y *cause du français* er mwyn datblygu *francophonie* Gogledd America. Yn bwysicaf oll, dywed Bouchard fod rhyngddiwylliannedd yn ceisio dod o hyd i gydbwysedd rhwng ei hanes a'i ddyfodol a thrwy weithio o fewn ffiniau egwyddorion cyfanfydol ac unigolyddol—gan ddod i delerau gyda 'pluralist dilemma' Bullivant.[96]

Tra bo ffenomenâu amlddiwylliannedd a rhyngddiwylliannedd wedi'u datblygu mewn gwrthgyferbyniad â'i gilydd, noda Bouchard nad tasg hawdd yw gwahaniaethu rhwng y ddau oherwydd bod amlddiwylliannedd wedi cymryd ffurf rhyngddiwylliannedd ar hyd y blynyddoedd.[97] Yn wir, honna Jason Kenney, Cyn-Weinidog Canada dros Ddinasyddiaeth, Mewnfudo ac Amlddiwylliannedd, fod angen i Ganada adeiladu pontydd yn hytrach na silos o hyn allan.[98] Sonia Kymlicka yn yr un modd am ddatblygiad 'arbrawf esblygol' Canada ac amlddiwylliannedd. Tra bod Kymlicka o'r gred fod rhyngddiwylliannedd yn ddull i'w weithredu ar lefel feicrogymdeithasol, mae Bouchard – er iddo gydnabod llwyddiant rhannol amlddiwylliannedd yn fframwaith Seisnig Canada – yn bleidiol i allu rhyngddiwylliannedd i weithio fel dull o gymhwyso amrywiaeth ar lefel facrogymdeithasol. Er gwaethaf beirniadaeth Cantle o gyfyngder perthynas y mwyafrif â'r lleiafrif yn Québec sydd yn esgeuluso dimensiynau ehangach amrywiaeth, arddela Bouchard bwysigrwydd y *rapport majorité-minorité* fel man cychwyn er mwyn sefydlu egwyddorion integreiddio. Yn ei eiriau ef, nid yw'n bosib siarad am leiafrifoedd heb gydnabyddiaeth ohonynt gan y mwyafrif. Dadleua cefnogwyr rhyngddiwylliannedd Québec mai maen tramgwydd amlddiwylliannedd Canada yw diffyg cydnabyddiaeth i amlgenedlaetholdeb y wladwriaeth Ganadaidd, gan labelu'r Québécois fel Canadiaid-Ffrengig, fel pob grŵp ethnig arall yng Nghanada. Er bod Kymlicka yn gwahaniaethu rhwng grŵp is-genedlaethol a grwpiau mewnfudol ac ethnig, nid oes anogaeth iddynt ymlynu wrth ddiwylliant cenedlaethol neu ddiwylliant cyffredin fel a geir yn achos rhyngddiwylliannedd. Nid mater o agosáu at fodel gweriniaethol Ffrainc â'i oruchafiaeth *a priori* i'r mwyafrif yw natur diwylliant cenedlaethol Québec. Cydnabyddir y berthynas *majorité-minorité* er mwyn diogelu hawliau dinasyddiaeth ar y ddwy ochr. Wrth ymbellhau oddi wrth y *clivage Eux-Nous* fel y'i disgrifir gan Bouchard, mae rhyngddiwylliannedd yn symud y tu hwnt i'r ddeuoliaeth 'mwyafrif-lleiafrif' gan greu gwagle deinamig lluosogol ar gyfer y gymuned groeso a'r cymunedau mewnfudol ac ethnig ynghyd.[99]

Cred Charles Taylor nad egwyddorion sydd yn gwahaniaethu rhwng amlddiwylliannedd a rhyngddiwylliannedd ond 'stori' wahaniaethol Québec a Chanada sydd yn ei gwneud yn angenrheidiol bod Québec yn dilyn trywydd gwahanol ar gyfer cymhwyso amrywiaeth.[100] Dywed Taylor fod brwydr Québec i gynnal y Ffrangeg dros y 200 mlynedd diwethaf yn golygu nad oes cwestiwn y byddant yn fodlon diystyru'r iaith. Wrth ystyried bod mewnfudwyr i Québec cyn y chwedegau yn integreiddio i'r gymuned angloffon (ac felly'r gymuned ban-Ganadaidd) yn ogystal â gostyngiad yng nghyfradd genedigaethau, bu ymdrechion mawr i wrthdroi'r tueddiadau hyn. Felly, amddiffynna Taylor y model rhyngddiwylliannol nid yn unig fel ffenomen unigryw ar gyfer eithriad Québec ond fel model y gellid ei gymhwyso ar gyfer gwledydd eraill Ewrop:

> The intercultural story is not simply made for Québec. It also suits better the situation of many European countries. The features which make it applicable to Québec also often apply in Europe. There: (1) many countries have a long-standing historic identity which is still shared by the great majority of their citizens; (2) this identity frequently centres around a language which is not spoken elsewhere, and is under pressure from larger, 'globalized' languages; and (3) the same kind of not-fully-structured fears for the future of its culture and way of life may arise there as I noted in Québec.[101]

Er gwaethaf hyn oll, nid yw rhyngddiwylliannedd Ewropeaidd wedi datblygu ar hyd yr un trywydd â rhyngddiwylliannedd Québec, gan fod y naill wedi'i seilio ar ddamcaniaeth gosmopolitanaidd (ac eithrio Catalwnia) a'r llall wedi'i ffurfioli ar gyfer cenedlaetholdeb is-wladwriaethol. Tra bo rhyngddiwylliannedd yn ennill tir ym Mhrydain ymhlith sefydliadau Ewrop, megis Cyngor Ewrop ac UNESCO, diddorol felly yw gweld prif amddiffynwyr amlddiwylliannedd yn cymharu rhyngddiwylliannedd Québec yn gadarnhaol ag egwyddorion amlddiwylliannedd:

> These interculturalists make a moral and policy case for the recognition of relatively distinct sub-state nationalisms. As such, they are less concerned with the diversity of the location that migrants and ethnic minorities are from, or the 'superdiversity' that this is alleged to cultivate therein. Its emphasis on multi-nationalism does distinguish it from post-immigration multiculturalism (and post-immigration interculturalism), but not multiculturalism per se.[102]

Gwahaniaethant rhwng trafodaeth wleidyddol ar ryngddiwylliannedd yn Québec a thrafodaeth anwleidyddol a meicrogymdeithasol Ewrop ar ryngddiwylliannedd, 'offering civil society-based local encounters and conviviality in everyday life'.[103] Serch hynny, nid yw egwyddorion rhyngddiwylliannedd Prydain nag Ewrop hyd yma yn rhagori ar ddadleuon damcaniaethol amlddiwylliannedd gan ddamcaniaethwyr megis Kymlicka. Er bod Cantle o blaid mabwysiadu rhyngddiwylliannedd ar lefel facrogymdeithasol fel y prif ddull o gymhwyso amrywiaeth, mae ei ffocws ar integreiddio ôl-fewnfudol a diffyg ystyriaeth o ymwybyddiaeth genedlaethol yr Alban, Gogledd Iwerddon a Chymru yn gwanhau ei ddadl.

Model i Gymru

Wrth chwilio am fodel rheoli amrywiaeth priodol i Gymru, synhwyrol yw edrych tuag at arferion is-wladwriaeth arall, megis Québec. Er ein bod yma'n trafod rhyngddiwylliannedd yng Nghymru a Québec ill dau, eironi'r mater yw bod y diffiniadau'n lled wahanol i'w gilydd. Er diffinio cydlyniant cymunedol yn wahanol i'r model cyfatebol yn Lloegr, rhydd Llywodraeth Cymru bwyslais ar gydraddoldeb hil a gwrthdlodi yn hytrach na chydnabod diwylliant y gymuned groeso. Yn wahanol i Québec, mabwysiada Llywodraeth Cymru ryngddiwylliannedd a chydlyniant cymunedol drwy sefydlu cydbwysedd rhwng gwerthoedd a diwylliant y gymuned groeso a hawliau ethnoddiwylliannol y mewnfudwyr. Y mae'r cwestiwn ieithyddol yn dod â'r gwahaniaethau hyn i'r brig. Yn ôl cyfweliadau â Llywodraeth Québec, mae iaith yn rhan elfennol o gydlyniant cymdeithasol am fod yr *enjeu* (gwrthdaro) ieithyddol yn bresennol a sgil-effeithiau amlwg ar gydlyniant y dalaith. Cymharer hyn â diffyg cydnabyddiaeth ieithyddol ym mholisïau Canada ffederal lle nad yw'r un *enjeu* yn bodoli o fewn fframwaith mwyafrifol Saesneg. Ystyrier sylwadau swyddog o Lywodraeth Québec:

> Mae amddiffyn iaith yn digwydd lle mae yna wrthdaro ieithyddol. Pam nad yw iaith yn ddadl yng ngweddill Canada? Yn syml iawn, gan nad oes yna wrthdaro. Mae hi'n dechrau yn yr Unol Daleithiau. Yn Québec, mae e reit yn y canol. I ba raddau felly y gall gwladwriaeth ansofran ddeddfwriaethu dros iaith ansofran? Dyna ydy'r cwestiwn.[104]

Er gwaethaf bodolaeth cymunedau Ffrangeg eu hiaith ar draws Canada, nid yw'r ffactor ieithyddol yn chwarae rhan flaenllaw fel y gwna yn Québec. Yn ôl Gagnon, elfen gymathiadol 'gudd' o amlddiwylliannedd Seisnig yw'r iaith Saesneg yno.[105] Ymhellach, rhybuddia'r swyddog ar ran Llywodraeth Québec rhag gwneud cymariaethau o gydlyniant cymdeithasol drwy honni bod y cysyniad o gydlyniant cymdeithasol yn Québec wedi'i ffurfio a'i lywio drwy ddatblygiadau hanesyddol ac ieithyddol penodol y dalaith, ac felly'n gwbl unigryw iddi hi:

> Os ydy Québec wedi gweithredu deddfwriaeth ieithyddol a phethau eraill, mae hyn oherwydd bod cydlyniant cymdeithasol eisoes wedi meithrin lliw penodol, bodolaeth, 'savoir-être', rhywbeth o'i ddiwylliant, sydd wedi datblygu dros amser maith. Dichon nad yw'r un 'savoir-être' yn bodoli mewn man arall. Gellid cymharu cydlyniant cymdeithasol mewn cymdeithas arall, ond nid yn gyfan gwbl, oherwydd bod yna rywbeth neilltuol ynddo yn y gymdeithas. Rhaid bod yn ofalus wrth gymharu achos mae'n cyffwrdd â rhywbeth llawer mwy eang.[106]

Pwysleisia'r swyddog fod polisïau rhyngddiwylliannedd a chydlyniant cymdeithasol Québec yn dibynnu ar y grŵp mwyafrifol Ffrangeg. Atega mai lleiafrif yw'r siaradwyr Cymraeg a bod y Gymraeg, er gwaethaf ei statws swyddogol, yn parhau i gael ei thrin fel iaith leiafrifol yng Nghymru: 'Ers y *révolution tranquille*, caiff [y Québec Ffrengig] ei hystyried yn fwyafrif, felly mae gennym ddeddfau ar gyfer y mwyafrif, a chydlyniant ar gyfer y mwyafrif. Ond i chi, lleiafrif ieithyddol sydd yn cael ei drin fel lleiafrif ydych.'[107] Er bod Québec yn is-wladwriaeth, yr awgrym yw ei bod yn gweithredu ac yn ymddwyn fel gwladwriaeth gydag iaith wladwriaethol. Am y rheswm hwn, cred y swyddog fod safle lleiafrifol siaradwyr Cymraeg yng Nghymru yn golygu na ellir trosglwyddo model rhyngddiwylliannol Québec i gyd-destun Cymru.

Ideoleg sifig Prydeinig, wedi'i gwisgo mewn iaith 'Cydlyniant Cymunedol Cymreig', sydd y tu ôl i bolisïau Cymru ar gymhwyso amrywiaeth. Wrth beidio â diffinio swyddogaeth iaith neu ieithoedd yn eu polisïau hwy, datgela ymatebion swyddogion sifil yng

Nghymru mai Saesneg yw iaith ddiamod cydlyniant cymdeithasol yng Nghymru, fel yng ngweddill Prydain. Mae cymhlethdodau diffinio rôl y Saesneg, y Gymraeg ynghyd ag ieithoedd eraill, yn cael eu hosgoi felly. Cymharer hyn felly â syniadau traddodiadol rhyddfrydol parthed *benign neglect* neu'r hyn y mae'r Athro Colin Williams yn ei ddisgrifio fel 'the Mask of Piety'.[108] Nid yw'n fater o gyfeirio at ryngddiwylliannedd Cymreig; rhyngddiwylliannedd Prydeinig yng Nghymru ydyw. Y paradocs yw bod polisïau rhyngddiwylliannedd Prydeinig yn agosach at bolisïau amlddiwylliannol Canada – y ddau yn sifig eu natur ac yn cynnwys dimensiynau 'cudd' tuag at integreiddio drwy'r iaith fwyafrifol. Ochr arall y paradocs yw'r ffaith fod damcaniaeth amlddiwylliannedd Kymlicka yn agosach at ddamcaniaeth ryngddiwylliannedd yn Québec am fod y ddwy yn seiliedig ar ddinasyddiaeth wahaniaethol.

Er gwaethaf dadleuon tanbaid a pharhaus rhwng amlddiwyllianwyr a rhyngddiwyllianwyr, cesglir bod rhyngddiwylliannedd yn amrywiad o'r mosäig amlddiwylliannol.[109] Ni ddylid felly begynnu'r modelau hyn fel y gwna rhai academyddion ond yn hytrach eu trafod ar yr un ochr i'r sbectrwm o reoli amrywiaeth ethnoddiwylliannol mewn cyd-destunau rhyddfrydol-ddemocrataidd. Honna Antonsich fod y rhaniad rhwng yr amlddiwyllianwyr a'r rhyngddiwyllianwyr yn dechrau ymdoddi.[110] Yn ôl Iacovino, mae syniadau Modood ar amlddiwylliannedd, sydd yn cydnabod anghydraddoldebau mewn pŵer, yn ein dwyn yn agosach at ryngddiwylliannedd, fel y'i dehonglir yn Québec.[111] Er gwaetha'r pontio cysyniadol rhwng amlddiwyllianwyr Prydeinig a rhyngddiwyllianwyr Québec, nid oes trafodaeth eto ar ddatblygu cysyniad is-wladwriaethol o dan ambarél amlddiwylliannedd neu ryngddiwylliannedd Prydeinig.

Dadleuir felly fod angen edrych y tu hwnt i'r dicotomi amlddiwylliannedd a rhyngddiwylliannedd wrth ddychwelyd at alwadau am ddiffinio natur y gymuned groeso yng Nghymru. Yn ôl academyddion o blaid amlddiwylliannedd, y mae angen diffinio 'dysgl' ddwyieithog Cymru sydd hefyd yn cynnwys hawliau lleiafrifoedd ethnig eraill. [112] Ymddengys y gall ymagweddau o ryngddiwylliannedd is-wladwriaethol fel a geir yn Québec ddylanwadu ar agenda Cymru. Eto i gyd, her i drigolion Cymru a'r

Llywodraeth yw diffinio eu model eu hunain nad yw'n estyniad o'r pair tawdd Prydeinig. Rhaid yn hytrach wrth fodel Cymreig cynhwysol ac amlethnig. Canlyniad dilyn model gwladwriaethol yw bod y Gymraeg yn cael ei heithrio o bolisïau integreiddio er mwyn mabwysiadu gwerthoedd gwladwriaethol cytûn a dinasyddiaeth wladwriaethol genedlaethol drwy'r iaith fwyafrifol. Ond, fel y trafodir yn y bennod nesaf, mae'r gwahaniaethau sydd yn bodoli rhwng y modelau hyn wedi eu seilio ar weledigaethau gwrthgyferbyniol ar ddinasyddiaeth. O ganlyniad, dadleuir na ddylid cymhwyso un o'r modelau hyn at anghenion Cymru, ond yn hytrach fod angen diffinio 'dinasyddiaeth' Gymreig yn ychwanegol at ddinasyddiaeth gyfreithiol Brydeinig.

2

'Dinasyddiaeth Brydeinig – mae e'n ein clymu ni i mewn': Adeiladu seiliau dinasyddiaeth Gymreig

Gwelwyd newid yn natur y drafodaeth ynglŷn â dinasyddiaeth yn Ewrop a llunio polisïau mwy cymathol yn ymwneud â mewnfudo a dinasyddiaeth.[1] Bellach, caiff polisïau a rhaglenni integreiddio newydd eu llunio mewn gwladwriaethau Ewropeaidd gan gynnwys profion iaith gorfodol i fewnfudwyr allu cymhwyso'n ddinasyddion cyflawn a chyfreithiol. Yn y Deyrnas Unedig, ceir polisi cyhoeddus gan y Swyddfa Gartref i greu amgylchfyd gelyniaethus i fewnfudwyr.[2] Mesurau penodol yw'r rhain a gyflwynwyd gan Theresa May er mwyn gwneud bywydau mewnfudwyr yn anos, gan beri iddynt adael yn wirfoddol neu atal eraill rhag ystyried dod i'r Deyrnas Unedig. Yn ogystal â chyfrannu at hybu drwgdybiaeth tuag at fewnfudwyr yn gyffredinol, gall y mesurau rwystro mewnfudwyr – ceiswyr lloches a ffoaduriaid yn benodol – rhag gweithio, cael llety, astudio, gyrru a phriodi, er enghraifft. Noder i'r gofynion ieithyddol ar gyfer newydd-ddyfodiaid lymhau. Ers 2013, mae prawf Saesneg gorfodol yn rhan o geisiadau dinasyddiaeth Brydeinig yn ogystal â phrawf 'Byw yn y Deyrnas Unedig'. Hefyd, yn yr Almaen, mae dadleuon y blynyddoedd diweddar wedi rhoi llwyfan i'r syniad o *Leitkultur* sydd yn ymwrthod ag amlddiwylliannedd er mwyn ffafrio cydlyniant cenedlaethol neu *Gemeinwesen*.[3] Dadleuir y bydd y model integreiddio Almaenig a Ffrengig o hyn allan yn rhoi pwyslais trymach ar orfodi gwersi Almaeneg a Ffrangeg ar fewnfudwyr.[4] Serch y symud mewn polisïau Ewropeaidd oddi wrth amlddiwylliannedd tuag at gymathiad, cynyddu mae'r ymchwil sydd yn cwestiynu i ba raddau y mae amodau integreiddio llymach, megis profion iaith, yn adlewyrchu gwir anghenion dinasyddion newydd mewn cymdeithasau amlethnig ac amlieithog.[5] Er gwaethaf galwadau i ail-lunio'r prawf dinasyddiaeth Brydeinig, cymhlethu yn hytrach na hwyluso integreiddio yw nod polisi'r Swyddfa Gartref wrth iddynt osod cyfyngiadau cynyddol ar fywydau mewnfudwyr ym Mhrydain.[6]

Yn groes i bolisïau gelyniaethus gwladwriaethau Ewrop, gwelir is-lywodraethau yn ymdrechu i'w hyrwyddo eu hunain fel cymunedau cynhwysol a chroesawgar i newydd-ddyfodiaid. Er gwaethaf diffyg pwerau dros fewnfudo, mae Catalwnia a'r Alban yn enghreifftiau nodedig o is-lywodraethau o fewn Ewrop sydd wedi creu seilwaith polisi er mwyn cynnwys mewnfudwyr yn eu prosiectau cenedlaethol. Yn strategaeth 'New Scots' Llywodraeth yr Alban, pwysleisir hawliau mewnfudwyr a chyfrifoldeb y gymuned groeso a'r newydd-ddyfodiaid i adeiladu cymunedau cynhwysol ac amlieithog cryf.[7] Yng Nghatalwnia, pwysleisir y Gatalaneg fel iaith gyffredin a chynhwysol yn ogystal â gweithredu rhaglen genedlaethol ar bartneriaethau iaith (*Voluntariat per la lengua*) rhwng y gymuned groeso a mewnfudwyr. Hefyd yng Nghymru, ymdrechir i hyrwyddo cenedl gynhwysol i fewnfudwyr drwy gydnabod bod amrywiaeth yn nodwedd hanfodol o fywyd yng Nghymru.[8] Er gwaethaf hyn oll, datgela cyfweliad gyda swyddog ar ran Llywodraeth Cymru fod cyfyngderau i amrywiaeth ddwyieithog Cymru yn wyneb dinasyddiaeth Brydeinig oherwydd y pwerau sydd ynghlwm wrth ddysgu Saesneg: 'Gallai pobl ddadlau bod pobl yn dysgu Cymraeg neu Saesneg ond maen nhw'n gorfod siarad Saesneg. [. . .] Os ydy rhywun eisiau dinasyddiaeth Brydeinig, maen nhw'n gorfod pasio'r prawf yna felly. Mae'n ein clymu ni i mewn.'

Archwilia'r bennod hon i ba raddau y mae dinasyddiaeth Brydeinig ôl-genedlaethol yn llesteirio swyddogaeth y Gymraeg mewn prosiect o integreiddio mewnfudwyr yng Nghymru yn ogystal â datblygu fersiwn Gymreig o ddinasyddiaeth i'r wlad. Edrychir ar y cysyniad o ddinasyddiaeth a'r graddau y mae mabwysiadu cysyniad o ddinasyddiaeth 'leol' o fudd i leiafrifoedd cenedlaethol. Cymherir polisïau Prydeinig a Chymreig sydd yn ymwneud ag integreiddio mewnfudwyr drwy gwestiynu'r hyn a olygir wrth fod yn ddinesydd Cymreig neu'n ddinesydd Prydeinig.

Ehangir ar brif awgrym y bennod, sef yr angen i ddi-ffinio dinasyddiaeth swyddogol ar lefel ddamcaniaethol a pholisi er mwyn datblygu model o ddinasyddiaeth Gymreig sydd yn cynrychioli Cymru amlhaenog, amlethnig ac amlddiwylliannol.

Y Dinesydd a Dinasyddiaeth

> The nature of citizenship, like that of the state, is a question which is often disputed: there is no general agreement on a single definition.[9]

Dengys y dyfyniad uchod fod Aristoteles yn cydnabod hyblygrwydd a lluosogrwydd dinasyddiaeth. Yn ei farn ef, dylid cysylltu dinasyddiaeth â model cymunedoliaeth lle y bydd pawb yn adnabod ei gilydd o fewn dinas-wladwriaeth. Serch hynny, mae dinasyddiaeth yn hanesyddol wedi cael ei chysylltu â goruchafiaeth drwy broses o ganiatáu neu wrthod breintiau cyfreithiol i wahanol bobloedd o fewn ffiniau gwleidyddol. Amlygir hyn gan Castles: 'Citizenship is meant to be universalistic and above cultural difference, yet it exists only in the context of the nation-state, which is based on cultural specificity – on the belief of being different to other nations.'[10] Diffinnir dinasyddiaeth gyfreithiol felly ar sail ymrwymiad i'r genedl-wladwriaeth. Gyda phwyslais egalitaraidd dinasyddiaeth, cred rhai felly fod egwyddorion dinasyddiaeth ac amlddiwylliannedd yn groes i'w gilydd. Mae David Blunkett, Cyn-ysgrifennydd Cartref Llywodraeth Lafur, yn enghraifft adnabyddus o wleidydd ym Mhrydain a fynnodd fod agenda dinasyddiaeth ac agenda amlddiwylliannedd yn hollol wrthgyferbyniol.[11] Prydera rhai damcaniaethwyr fod twf amlddiwylliannedd yn llesteirio gallu unigolion i weithredu fel dinasyddion a bod amlddiwylliannedd yn atal yr unigolyn rhag ymarfer dinasyddiaeth gyfartal.[12] Barn Ward yw bod polisïau sydd yn ffafrio ymlyniadau ethnig yn niweidiol ac yn gweithio 'like a corrosive on metal, eating away at the ties of connectedness that bind us together as a nation.'[13] Dylai dinasyddiaeth felly fod yn rym sy'n trosgynnu gwahaniaethau ethnig, rhanbarthol, crefyddol ac ieithyddol gwladwriaeth er lles pob un o'i dinasyddion.[14]

Er hynny, bu diddordeb cynyddol mewn ehangu gorwelion dinasyddiaeth yn yr unfed ganrif ar hugain. Cwestiyna academyddion yn gynyddol y rhinweddau ychwanegol sydd i ddinasyddiaeth nad ydynt yn gysylltiedig â ffiniau gwleidyddol na hawliau cyfreithiol.[15] Beirniadwyd y cysyniad o ddinasyddiaeth egalitaraidd neu'r 'difference-blind citizenship' fel ffordd o amddiffyn y grŵp goruchafol wrth iddo gyfiawnhau ei ymdrechion i bardduo lleiafrifoedd.[16] Tra bo dinasyddiaeth draddodiadol yn golygu 'cymathu', dadleua nifer o ddamcaniaethwyr fod rhaid ystyried dinasyddiaeth 'wahaniaethol'.[17] Golyga hynny ganiatáu hawliau neu gyfleoedd ychwanegol i grwpiau a dinasyddion penodol. Yng ngeiriau Parekh, dinasyddiaeth 'is much more differentiated and is a far less homogenous concept than has been presupposed by political theorists'.[18] Yn wir, yn unol â'r ddadl a gyflwynwyd yn y bennod flaeonorol, honna damcaniaethwyr rhyddfrydol mai nacáu hawliau lleiafrifol sydd yn bygwth seiliau dinasyddiaeth gyffredin a chydraddoldeb. Yn ôl Kymlicka felly, mae angen ailddiffinio dinasyddiaeth Brydeinig:

> So an Englishman would recognize not only that Britain now contains larger numbers of citizens of Asian, African, and Caribbean descent (in addition to the Scots, Welsh, Northern Irish, Manx); but also that this requires rethinking what it means to be British [. . .] he may have to distinguish more clearly than he had before between an ethnic English identity and a civic British identity, and to recognize that 'Britishness' must be defined in a way that is accessible to both the new immigrants and the historically settled peoples who share the British Isles.[19]

Cwestiyna Kymlicka seiliau natur dinasyddiaeth gyffredin heb gynnwys hawliau lleiafrifol. Dinasyddiaeth 'wahaniaethol' yw sail dinasyddiaeth 'gyffredin' yn ei dyb ef. Yn y cyswllt hwn, dadleua ymhellach fod angen mynd i'r afael ag integreiddio amlddiwylliannol yn hytrach na chymathu. Y gwahaniaeth yw nad yw integreiddio amlddiwylliannol yn gofyn i'r unigolyn nacáu ei ddiwylliant cynhenid.[20] Cynigia Kymlicka ddau brif gysyniad felly; y model 'ôl-genedlaethol' a gefnogir gan Lywodraeth San Steffan, sef cymathu mewnfudwyr i'r diwylliant mwyafrifol 'Prydeinig', a'r model amlgenedlaethol, a hyrwyddir i raddau helaeth yng Nghymru, sydd yn integreiddio mewnfudwyr i'r diwylliant Cymraeg. Yng nghyd-destun Cymru, golyga hyn un ai ddod yn Brydeinig *heb* ddod yn Gymreig neu ddod yn Brydeinig *wrth* ddod yn Gymreig. Drwy ffafrio'r model amlgenedlaethol, honna Kymlicka mai'r ateb i'r is-wladwriaeth yw ymarfer ffurfiau mwy amlddiwylliannol o ddinasyddiaeth ac i'r mewnfudwyr ymarfer ffurfiau mwy amlgenedlaethol o ddinasyddiaeth.[21] O ystyried sylw'r cyhoedd i'r trafodaethau ynghylch dyfodol y Deyrnas Unedig y tu allan i Ewrop, daw dinasyddiaeth felly'n gynyddol bwysig i ddyfodol y gwledydd datganoledig.

Yn hyn o beth, mae'n addas gwahaniaethu rhwng 'dinasyddiaeth is-wladwriaethol' (neu amlgenedlaethol) answyddogol â dinasyddiaeth wladwriaethol fel a geir ym Mhrydain, Ffrainc, yr Almaen a Chanada. Yn ôl academyddion yn Québec, mae is-wladwriaeth Québec yn ymwrthod â'r honiad mai ffederaliaeth amlgenedlaethol neu wladwriaeth amlddiwylliannol yw Canada.[22] Er gwaethaf polisïau amlddiwylliannol Canada, mae model dinasyddiaeth Ganadaidd, yn eu tyb hwy, yn nacáu swyddogaeth diwylliant Ffrengig Québec. Mae Québec yn hyrwyddo'r syniad o gymuned wleidyddol gwbl wahanol ar gyfer eu mewnfudwyr. Dywedant nad yw ymateb traddodiadol i ddinasyddiaeth yn cydweddu â gwladwriaeth amlgenedlaethol, sydd â diwylliannau ymylol gwreiddiedig. Nid yw damcaniaethau Kymlicka, felly, yn mynd yn ddigon pell i Gagnon ac Iacovino gan nad yw'n cydnabod rôl y diwylliant cenedlaethol.[23] Dibynna Québec ar yr hyn a elwir yn *contrat moral* – cytundeb rhwng y cymunedau croeso a'r cymunedau mewnfudol – gyda'r nod o ymbweru holl ddinasyddion Québec a hwyluso eu cyfraniad i ddiwylliant cyhoeddus cyffredin. Mae model dinasyddiaeth sydd yn nacáu diwylliant cyffredin ac yn glynu at ôl-genedlaetholdeb, fel a geir yng Nghanada, yn amhosib felly yn Québec.[24]

Os yw'n wir bod Prydain yn ymarfer ffurf ôl-genedlaethol o ddinasyddiaeth, ceir gwrthdrawiadau amlwg â sawl is-grŵp cenedlaethol sydd ynddi. Ar y naill law, hyrwydda'r wladwriaeth Brydeinig y syniad o ddod yn Brydeinig heb ddod yn Gymreig er, ar y llaw arall, hyrwydda is-wladwriaeth Cymru, ar lefel rethregol, ffurfiau mwy amlgenedlaethol o ddinasyddiaeth wrth annog mewnfudwyr i ddod yn Brydeinig wrth ddod yn Gymreig neu'n hytrach, ddod yn Gymreig heb ddod yn Brydeinig. Gyda golwg ar Gymru, is-wladwriaeth o fewn y wladwriaeth Brydeinig, mae'n bwysig felly mesur, cymharu a dadansoddi'r gwahaniaethau rhwng polisïau integreiddio a mewnfudo'r ddwy lywodraeth. I ba raddau y maent, mewn gwirionedd, yn ymarfer ffurfiau gwahanol o ddinasyddiaeth fel y gwelir yng Nghanada ffederal a Québec? A ellir wrth y fath beth â dinasyddiaeth Gymreig?

Y Dinesydd Prydeinig

> This increased diversity in the UK requires a new focus on civic integration. That is the main thrust behind our new plans for English language classes, citizenship education and confirmation ceremonies for new applicants for naturalisation. This is not an argument for assimilation. It is an argument for integration with diversity: neither a monoculture, nor segregation and endless difference.[25]

Roedd y Cyn-Ysgrifennydd Cartref, David Blunkett, yn ganolog i'r pwyslais newydd ar ddinasyddiaeth yn y Deyrnas Unedig, a hynny drwy ehangu sbectrwm dinasyddiaeth i gynnwys hunaniaeth ac amrywiaeth ynghyd ag ymdeimlad cenedlaethol Prydeinig. Yn ddiweddarach, hyrwyddwyd y syniad o ddinasyddiaeth gyffredin – *common citizenship*[26] – gan agenda *Community Cohesion* yr Athro Ted Cantle. Symbylwyd nifer o ddatblygiadau gan bapur gwyn 'Secure Borders, Safe Haven' y Llywodraeth Lafur yn 2003, mewn ymgais i godi statws dinasyddiaeth swyddogol ym Mhrydain.[27] Noda'r Papur Gwyn fod Prydain yn genedl amlethnig gan honni bod diwylliant Prydain wedi'i seilio ar amrywiaeth ddiwylliannol yn hytrach na chymathu monoddiwylliannol.[28] Gwelir felly gydnabyddiaeth o egwyddorion amlddiwylliannol y gymdeithas, er nad ydynt o reidrwydd yn werthoedd amlgenedlaethol. Ymateb y Papur Gwyn oedd apelio at ddinasyddiaeth gyffredin:

> Common citizenship is not about cultural uniformity, nor is it born out of some narrow and out-dated view of what it means to be 'British'. The Government welcomes the richness of the cultural diversity which immigrants have brought to the UK – our society is multi-cultural, and is shaped by its diverse peoples. We want British citizenship positively to embrace the diversity of background, culture and faiths that is one of the hallmarks of Britain in the 21st Century.[29]

Ymddengys fod yna drawsnewid wedi digwydd, nid yn unig o ran ystyr a phwyslais newydd dinasyddiaeth, ond hefyd o ran yr hyn a olygir wrth fod yn Brydeinig. Ymddengys fod y papur yn ymwrthod â Phrydeindod trefedigaethol sydd yn amsugno diwylliannau i mewn i oruwch-ddiwylliant Seisnig.[30] Ymhellach, mae'r papur yn cydnabod bodolaeth y bobloedd wahanol sydd yn trigo ym Mhrydain ac yn eu hyrwyddo fel nodweddion o amrywiaeth ddiwylliannol Prydain fodern. Ar y naill law felly, mae'n ymddangos bod Llywodraeth Prydain yn gweithredu dinasyddiaeth luosogol yn ei hanfod. Ar y llaw arall, mae'r argymhellion yn pwysleisio gwerthoedd cyffredin ar draws Prydain ynghyd â magu ymdeimlad o Brydeindod.[31]

Fel y dengys y dyfyniad isod, mae sgiliau iaith yn fedr hollbwysig wrth baratoi unigolion ar gyfer dinasyddiaeth gyfreithlon:

> We need to develop a sense of civic identity and shared values, and knowledge of the English language (or Welsh language or Scottish Gaelic, which are provided for in the British Nationality Act 1981), can undoubtedly support this objective.[32]

Serch cydnabod amlieithrwydd ym Mhrydain, mae'r papur yn amlinellu pwysigrwydd datblygu ESOL – *English for Speakers of Other Languages* – yng nghyd-destun rhaglen dinasyddiaeth. Fel y noda'r adroddiad: 'the ability to speak our common language, to enable them to engage as active citizens in economic, social and political life'.[33] Dim ond wrth gyfeirio at ymgeiswyr dinasyddiaeth sydd eisoes â meistrolaeth dda ar ieithoedd 'eraill' Prydain, y clywir sôn unwaith eto am ieithoedd cynhenid Prydain:

> [. . .] in the case of those who already have a good command of English, Welsh or Scottish Gaelic, suitable materials will be available to provide information about British society and the rights and responsibilities of becoming a British citizen.[34]

Noder felly fod y *Nationality, Immigration and Asylum Act*[35] yn gosod y Gymraeg, fel yr Aeleg, yn ieithoedd 'swyddogol' ar gyfer dinasyddiaeth ynghyd â gwybodaeth ddigonol am fywyd yn y Deyrnas Unedig. Honna'r Papur Gwyn fod deunyddiau ar gael yn y Gymraeg neu'r Aeleg er mwyn cefnogi cais dinasyddiaeth unigolyn trwy gyfrwng y Gymraeg. Serch hynny, ymddengys fod yn rhaid i rywun sydd am wneud cais trwy gyfrwng y Gymraeg fod yn rhugl eisoes, gan nad oes unrhyw fframwaith i ddarparu adnoddau dysgu Cymraeg na Gaeleg i ymgeiswyr dinasyddiaeth.

Yn sgil y Papur Gwyn a'r *Nationality, Immigration and Asylum Act*, sefydlwyd grŵp cynghori *Life in the UK* gan Lywodraeth Lafur Tony Blair.[36] Prif nod y grŵp yw cynghori'r Gweinidog Cartref ar ddulliau a strategaethau er mwyn gweithredu prawf dinasyddiaeth *Life in the UK*. Ar wahân i adolygu rhai ffeithiau yn y prawf ers ei sefydlu yn 2005, nid oes archwiliad wedi bod i effeithlonrwydd y prawf o safbwynt y mewnfudwyr. Ceir galw cynyddol am ail-lunio'r prawf er mwyn hwyluso yn hytrach na rhwystro integreiddiad mewnfudwyr.[37]

Yn ychwanegol at brawf *Life in the UK*, cyflwynwyd mesurau newydd i reolau dinasyddiaeth a mewnfudo ers Hydref 2013 dan lywodraeth glymblaid David Cameron, drwy ddatgan yr angen i fodloni sgiliau Saesneg neu B1 neu uwch drwy gorff noddedig gan y Weinyddiaeth Wladol. Golyga hyn nad yw gofynion ESOL (lefel 3 neu uwch) bellach yn bodloni amodau dinasyddiaeth gyfreithlon.[38]

Er bod y *Nationality, Immigration and Asylum Act* yn parhau i gyfeirio at ddilysrwydd y Gymraeg a'r Aeleg ar gyfer cais dinasyddiaeth, nid yw'r cyfarwyddiadau newydd ers Hydref 2013 yn cyfeirio o gwbl at iaith arall heblaw'r Saesneg. Mae'n amlwg fod tynhau ar brofion dinasyddiaeth yn cyd-fynd â mesurau llymach yn ymwneud â mewnfudo ym Mhrydain. Mae datganiadau David Cameron ar fewnfudo, a draddodwyd mewn araith yn 2013, yn cyfleu'r cyswllt neilltuol rhwng dysgu Saesneg ac integreiddio:

'Mass immigration has led to discomfort and disjointedness in neighbourhoods because some migrants have been unwilling to integrate or learn English.'[39]

Eto, yn yr araith, 'A Stronger Britain, Built of Values,' pwysleisiodd Theresa May, Gweinidog Cartref y Deyrnas Unedig ar y pryd, arwyddocâd datblygu medrau mewn Saesneg fel modd o uno Prydain fel cenedl:

> Government alone cannot defeat extremism so we need to do everything we can to build up the capacity of civil society to identify, confront and defeat extremism wherever we find it. We want to go further than ever before helping people from isolated communities to play a full and fruitful role in British life. We plan a step change in the way we help people learn English. There will be new incentives and penalties, a sharp reduction in translation services and a significant increase in the funding available for English.[40]

Ystyrir felly mai Saesneg yw iaith cymunedau croeso'r Deyrnas Unedig a bod angen buddsoddiad cynyddol mewn adnoddau dysgu Saesneg ym Mhrydain. Nodir yn adroddiad y grŵp cynghori *Life in the UK* fod cyfleoedd i ddysgu ac ymarfer iaith y gymuned groeso yn ganolog i integreiddio proffesiynol a chymdeithasol:

> [. . .] it also recognises the importance of being able to communicate verbally in the language of the receiving society in order to avoid exclusion, which also plays an important role in facilitating and promoting participation in social, economic and civic domains.[41]

Dengys y dyfyniad nad oes ystyriaeth o unrhyw fath parthed cyfleoedd addysg ar gyfer dinasyddiaeth yng nghymunedau eraill Prydain, lle nad yw'r Saesneg yn iaith fwyafrifol, neu pan fo iaith genedlaethol arall, fel y Gymraeg, yn iaith y gymuned ochr yn ochr â'r Saesneg. Un o brif argymhellion y grŵp yw hyrwyddo addysg ar gyfer dinasyddiaeth ar y lefel 'ranbarthol' a 'lleol' ar yr amod bod ymgais i fagu teimlad o berthyn ar lefel genedlaethol neu wladwriaethol wrth ystyried symudoledd mewnfudwyr i'r Deyrnas Unedig:

> Citizenship learning should also be contextualised locally and regionally, as well as nationally in ESOL and citizenship classes, but for the citizenship 'test', it is appropriate that the emphasis be on the national level, rather than the local level, given the mobility of applicants across the UK which would make the inclusion of such material impractical.[42]

Nid yw'r polisïau yn manylu ar wahaniaethau cenedlaethol y Deyrnas Unedig ac nid yw'n manylu chwaith ar effaith mewnfudo ar Gymru, yr Alban a Gogledd Iwerddon mewn gwahanol ffyrdd. Er bod polisïau yn datgan bod derbyn diwylliannau cynhenid y mewnfudwyr yn beth gwerthfawr, gwelir pwyslais ar undod cenedlaethol Prydeinig y Deyrnas Unedig. Drwy hyn, mae'r argymhellion a'r polisïau yn arddangos gwedd sifig gymathiadol y Deyrnas Unedig. Ys dywed Kymlicka am amlddiwylliannedd ym Mhrydain:

> While these models emphasize that the British people are diverse and multicultural, and that these differences need to be publicly acknowledged, they nonetheless presuppose that rights of self-determination rest with the British people as a singular whole, not with any ethnic groups inside the state.[43]

Gwelir enghraifft arall o bwyslais cymathiadol sifig y Llywodraeth ar 'ymrwymo i Brydain' mewn adolygiad gan yr Arglwydd Goldsmith, 'Citizenship: Our Common Bond'.[44] Mae'r teitl ei hun yn ddadleuol o fewn fframwaith amlgenedl Prydain, ynghyd â'r cyfeiriadau mynych at 'shared sense of belonging in the UK'.[45] Yng nghyswllt dinasyddiaeth, mae'r adolygiad hefyd yn argymell gŵyl genedlaethol er mwyn rhoi llwyfan i'n naratif cenedlaethol – argymhelliad a gefnogwyd gan Theresa May er mwyn dathlu Prydeindod wedi Brexit.[46] Yn ôl yr adroddiad, mae 'ymrwymiad i Brydain' ac 'ymdeimlad o'n dinasyddiaeth gyffredin' yn gryf ac yn gadarn:

> I do not assume that there is a crisis about our sense of shared citizenship. Levels of pride and belonging in the UK are high. However,

> we are experiencing changes in our society which may have an impact on the bond that we feel we share as citizens. I propose a range of measures that may help to promote a shared sense of belonging and may encourage citizens to participate more in society.[47]

Yn ôl y gosodiad hwn, nid oes argyfwng o ran perthynas dinasyddion â natur y Deyrnas Unedig ac mae'r ymdeimlad o falchder o fod yn perthyn i'r Deyrnas Unedig yn uchel. Yr hyn sy'n bygwth undod y Deyrnas Unedig, yn ôl yr Arglwydd Goldsmith, yw sgil-effeithiau mewnfudo ac oes globaleiddio, yn hytrach nag 'aml-genedlaetholdeb' Prydain.[48] Yr ateb felly, yn ôl yr adroddiad, yw annog ymlyniad cyffredin rhwng dinasyddion. Gwelir nad oes cyfeiriad at gyfansoddiad amlgenedl y Deyrnas Unedig na sôn ychwaith fod hwn yn ffactor i'w ystyried wrth hyrwyddo dinasyddiaeth gyffredin. Serch hynny, datgela ymchwil gan CoDE – Centre on Dynamics of Ethnicity – yn seiliedig ar Gyfrifiad 2011, mai ond 14% o drigolion Prydain sydd yn uniaethu â Phrydeindod, tra bo hunaniaeth Gymreig, Albanaidd a Seisnig ar gynnydd.[49] Y mewnfudwyr – y dinasyddion newydd Prydeinig – ar y llaw arall (38% ohonynt yn ôl cyfrifiad 2011), sydd yn fwy tebygol o ddatgan teimladau cryf dros Brydeindod. Yn wir, ymddengys felly mai pobloedd gynhenid Prydain sydd yn peri'r bygythiad mwyaf i undod Prydain. Gellir cymhwyso geiriau Soraka *et al.* am Ganada a Québec ar gyfer Prydain a Chymru: 'So far, at least, the country seems to be successfully facing the challenges of postmodernity. The bigger challenges stem from its premodern phase.'[50]

Wrth i ymdeimlad cenedlaethol y Deyrnas Unedig gynyddu, nodir bod mewnfudwyr hefyd yn ymateb i ddatgymaliad y Deyrnas Unedig. Nid ydynt, fel y cred rhai, yn 'neutral bystanders in the ongoing praxis of "negotiating nationalisms"'.[51] Yn 2003, pleidleisiodd hanner poblogaeth Bacistanaidd yr Alban dros blaid yr SNP, plaid sydd yn dymuno ymwahanu oddi wrth y Deyrnas Unedig. Dywed Kymlicka fod hyn yn arwydd o fethiant agenda dinasyddiaeth y Deyrnas Unedig a llwyddiant natur dinasyddiaeth amlgenedlaethol.[52] Tybir, fodd bynnag, fod plaid yr SNP yn hyrwyddo annibyniaeth genedlaethol i'r Alban yn hytrach nag amlgenedlaetholdeb. Nid yw teimladau cymysg ac ymrwymiadau cystadleuol yn profi methiant dinasyddiaeth, ond yn hytrach maent yn arwydd o'r angen i ailddiffinio dinasyddiaeth.

Cyflwyna model dinasyddiaeth ôl-genedlaethol fel opsiwn posib sydd yn goresgyn ymlyniadau Prydeinig ynghyd ag ymlyniadau i grwpiau is-wladwriaethol Prydain, megis y Saeson, y Cymry, yr Albanwyr a'r Gwyddelod. Drwy hyn, caiff mewnfudwyr eu hannog i ddod yn Brydeinig heb orfod delio â gwrthdrawiadau hanesyddol y grwpiau cenedlaethol. Mae Canada, i raddau helaeth, yn hyrwyddo'r model hwn drwy ddangos ffyrdd newydd o ddod yn ddinasyddion Canada sydd yn trosgynnu'r ddeuoliaeth Ffrangeg-Saesneg sydd wedi diffinio hanes y wlad. Gall dinesydd, felly, feithrin hunaniaeth ôl-genedlaethol yn hytrach na delio â'r 'ddau sgorpion yn y botel', fel y'u disgrifiwyd gan yr Arglwydd Durham.[53] Ond a yw dinasyddiaeth ôl-genedlaethol yn cyfateb i agenda hunaniaeth Seisnig sydd yn pwysleisio goruchafiaeth y wladwriaeth Brydeinig?

Dywed Kymlicka fod y cysyniad ôl-genedlaethol yn un problemus sydd yn llawn rhwystrau. Yn gyntaf, mae'n amhosib integreiddio mewnfudwyr mewn ffyrdd niwtral o safbwynt prosiectau hanesyddol cenedlaethol. Mewn is-wladwriaethau a chanddynt ieithoedd cenedlaethol, rhaid i fewnfudwyr benderfynu rhwng anfon eu plant i ysgolion Saesneg neu Gymraeg eu cyfrwng yng Nghymru (heblaw am ysgolion cynradd yng Ngwynedd) a rhwng Castileg a Basgeg yng Ngwlad y Basg. Does dim y fath beth ag integreiddio i gymdeithas niwtral felly. Mewn gwirionedd, mae'r model ôl-genedlaethol yn annog mewnfudwyr i integreiddio i'r gymdeithas oruchafol. Felly mae'r label Brydeinig yn rhoi cysur i'r grwpiau mwyafrifol eu bod wedi symud oddi wrth genedlaetholdeb 'ethnig', tra bo'r lleiafrifoedd is-wladwriaethol yn glynu at hunaniaethau cenedlaethol cyntefig ac ynysig.[54] Y gwir amdani yw bod yr hunaniaethau 'ôl-genedlaethol' yn cuddio cenedlaetholdeb sifig cymathiadol:

> Encouraging immigrants to become 'British', 'Spanish' or 'Canadian' too often is simply socializing immigrants to participate in this power play by which dominant group identities and interests are disguised as postnational civic identities.[55]

Hefyd, noda Gagnon a Iacovino nad yw'r model ôl-genedlaethol yn ymarferol o safbwynt y lleiafrifoedd cenedlaethol is-wladwriaethol.[56] Mae'r is-wladwriaeth, gan amlaf, yn ymwybodol bod hyrwyddo integreiddio i Brydain yn golygu integreiddio i'r grŵp goruchafol ac nid i'r is-wladwriaeth. Yn wir, mae cynaliadwyedd eu prosiectau cenedlaethol hwy yn dibynnu fwyfwy ar fewnfudwyr yn dewis uniaethu â'r genedl is-wladwriaethol. Yn sgil beirniadaeth ar genedlaetholdeb ethnig, mae cymhelliant cryf gan yr is-wladwriaeth i recriwtio mewnfudwyr i'w phrosiect cenedlaethol er mwyn gwrthbrofi cenedlaetholdeb cul yn ogystal ag adeiladu consensws mewnol. Serch hynny, cofiwn fod mwyafrif helaeth o leiafrifoedd ethnig Québec wedi pleidleisio yn erbyn annibyniaeth i Québec yn 1995 – prawf felly o fethiant Québec i integreiddio mewnfudwyr yn llwyddiannus i un fersiwn o'r is-wladwriaeth.

Er hynny, mae cefnogaeth gynyddol y gymuned Bacistanaidd i'r SNP yn yr Alban, a chefnogaeth Cyngor Mwslemiaid Cymru i bwerau datganoli cynyddol yng Nghymru, yn brawf fod y cenedlaetholdebau hyn eisoes yn datblygu ar hyd trywydd cynhwysol. Mae'r syniad o 'nested identities' gan David Miller, a'r broses o 'negodi cenedlaetholdebau' gan Kymlicka, yn arfer cyffredin yn y Deyrnas Unedig. Yn wir, yn ôl Kymlicka, pe byddai mewnfudwyr yn dod yn ddinasyddion trwy'r grŵp cenedlaethol is-wladwriaethol, yna byddai hynny'n sicrhau cysyniadau mwy cynhwysol ac amlddiwylliannol o genedlaetholdeb is-wladwriaethol.[57] Tra bo gan hunaniaeth Seisnig gysylltiadau cryf ag Islamoffobia,[58] honnwyd bod amldiwylliannedd a chenedlaetholdeb yr Alban yn cyd-fynd â'i gilydd ac felly'n dangos olion dinasyddiaeth is-wladwriaethol gynhwysol ac yn aml-ethnig ei natur: 'multiculturalism and substate nationalism have not merely coexisted but actually interacted positively within Scotland'.[59]

Un broblem sy'n wynebu'r mwyafrif o is-wladwriaethau yw nad oes ganddynt sefydliadau sydd yn gyfrifol am ddatblygu eu hagenda dinasyddiaeth eu hunain. Y genedl-wladwriaeth sydd yn cymryd cyfrifoldeb dros ddatblygu agenda dinasyddiaeth gyfreithlon ar gyfer mewnfudwyr. Ymddengys mai oherwydd hyn y nododd swyddog ar ran Llywodraeth Cymru fod gallu Cymru i ddatblygu agenda ar gyfer dinasyddiaeth yn gyfyngedig.

Y Dinesydd Cymreig

> Dw i'n meddwl pan mae'n dod i'r wlad – prif nod cymhelliant yw dysgu Saesneg i weithio. Mae lot o bobl sy'n dod i ddysgu Saesneg yn dod o'r *Government*—rhaid i chi ddysgu Saesneg. (Tiwtor ESOL, Gwynedd)

Noda Andrews a Mycock fod pŵer datganoledig o ran addysg yn golygu bod cenhedloedd y Deyrnas Unedig yn aml yn hyrwyddo negeseuon gwrthgyferbyniol.[60] Er bod addysg yn ddatganoledig i Gymru, nid yw'n eglur o'r dyfyniad uchod, serch hynny, at ba 'wlad' neu 'Lywodraeth' y cyfeirir ati – Cymru neu Brydain – ac i ba raddau y mae'r unigolyn yn ymwybodol fod cyllid addysg ESOL dan reolaeth Llywodraeth Cymru. O ganlyniad, cwestiynir i ba raddau y ceir gwrthdrawiad rhwng ideolegau'r wladwriaeth Brydeinig a'r is-wladwriaeth Gymreig pan fo integreiddio ac iaith yn y fantol.

Nodir bod polisïau cydlyniant cymunedol Llywodraeth Cymru wedi eu ffurfio drwy ddylanwad helyntion sifil 2001 yng ngogledd Lloegr. Cyfeiria strategaethau cydlyniant Llywodraeth Cymru at bolisïau Prydeinig a'r egwyddorion sydd yn seiliedig ar 'ddyfodol a rennir'. Hefyd ceir pwyslais ar gyfleu beth sydd yn rhwymo cymunedau ynghyd yn hytrach na'r hyn sydd yn eu gwahanu. Ymhellach, cyfeirir at fodel newydd sydd yn esbonio 'ymdeimlad o ddinasyddiaeth ar lefel genedlaethol a lleol, a'r rhwymedigaethau sydd yn cyd-fynd â bod yn aelod o gymuned, boed yn unigolion neu grwpiau'.[61] Yn yr ystyr hwn, gwelir cryn debygrwydd i syniadau Prydeinig am gydlyniant cymunedol a dinasyddiaeth Brydeinig. Serch hynny, fe'u haddesir rywfaint ar gyfer Cymru. Nodir bod ffactorau gwahanol yn perthyn i Gymru o'u cymharu â'r cyd-destun Prydeinig ac y byddai polisïau ar gydlyniant cymunedol yn adlewyrchu hyn megis 'yr heriau sydd yn wynebu cymunedau gwledig o ran ymfudo ac ymrwymiad i gynaliadwyedd cymunedau Cymraeg'.[62] Er sôn am 'iaith a rennir' fel a geir mewn polisïau Prydeinig, cyfeiria adroddiadau at 'ddimensiwn ychwanegol gyda'r Gymraeg a'r Saesneg yn cyd-fodoli'.[63]

Serch hynny, nodir ymhellach mai'r Saesneg sydd yn 'ganolog bwysig i helpu newydd-ddyfodiad i ymgartrefu ac integreiddio yn eu cymunedau newydd'.[64] Tra bo pwyslais yr adroddiad hwn ar ddatblygu darpariaeth ESOL, sonnir hefyd am ddiogelu a chefnogi cymunedau Cymraeg fel rhan bwysig o gynnal cydlyniant lleol. I raddau, gellir tybio bod Llywodraeth Cymru, fel Llywodraeth Prydain, yn ystyried y Saesneg fel iaith dan amod cydlyniant cymunedol a chenedlaethol Gymreig tra bo'r Gymraeg â rôl fwy ymylol o ran cydlyniant, gan gynnwys y cymunedau Cymraeg eu hiaith. Sylwer ar y dyfyniad isod yng nghyd-destun dysgu Saesneg trwy ddarpariaeth ESOL:

> It is important that you learn the local language once you've arrived in the UK, it will help you feel part of your new community, to make friends and to access any important information and services you may need.[65]

Eto, ceir cyfeiriadau amwys o ran yr iaith sydd dan sylw isod. Ai'r Gymraeg sydd yn agor drysau at arwyddion diwylliannol a hanesyddol Cymraeg ynteu'r Saesneg? Yn Strategaeth Ffoaduriaid Llywodraeth Cymru, dyma a ddywedir:

> Mae sgiliau iaith da yn darparu sylfeini cadarn i geiswyr lloches a ffoaduriaid yng Nghymru allu gwireddu eu potensial. Yn ogystal â bod yn fodd i unigolion mewn cymuned gyfathrebu a'i gilydd a dysgu am ei gilydd, mae gan iaith arwyddion diwylliannol a hanesyddol bwysig a all hwyluso cynhwysiant.[66]

Noder ymrwymiadau Llywodraeth Cymru i:

1) gefnogi dysgwyr ESOL trwy'r Strategaeth Sgiliau Sylfaenol
2) annog newydd-ddyfodiad i ddysgu Cymraeg ac integreiddio i gymunedau Cymraeg.[67]

Serch hynny, mae'r gwahaniaeth rhwng ymrwymiadau ar bapur a'r ddarpariaeth sydd ar gael yn drawiadol. Er gwaetha'r anogaeth ar i newydd-ddyfodiad ddysgu Cymraeg, mae'r Llywodraeth yn darparu strategaeth a darpariaeth gynhwysfawr a buddsoddiad ariannol ar gyfer darpariaeth Saesneg. Er bod cynllun cyflawni gweithredol (2014-16) ar gydlyniant cymunedol yn cydnabod y newidiadau cymdeithasol i Gymru yn sgil canlyniadau Cyfrifiad 2011, nid oes un cyfeiriad at ffigyrau ac effeithiau ieithyddol ar y gymdeithas nac ychwaith gyswllt rhwng cwymp yn y niferoedd sydd yn siarad Cymraeg, twf mewn cyfradd mewnfudo a sicrhau dyfodol y cymunedau Cymraeg.[68] Tra bo canfyddiadau Cyfrifiad 2011 yn awgrymu mai mewnfudo yw un o'r prif heriau sydd yn wynebu dyfodol y Gymraeg[69], dywed swyddog ar ran Llywodraeth Cymru mewn cyfweliad ymchwil mai ar frodorion Cymru, nid mewnfudwyr, y mae pwyslais y polisïau iaith, gyda'r bwriad o sicrhau eu bod nhw yn dysgu a defnyddio'r Gymraeg:

> Y prif flaenoriaethau yn dal i fod yw'r Cymry di-Gymraeg er mwyn iddyn nhw gael defnyddio'r Gymraeg yn y gweithle, Cymraeg yn y teulu a chynyddu defnydd o fewn y gymuned, felly does dim yn dweud bod pobl o leiafrifoedd ethnig yn cael eu cau allan o hyn. Ond yng nghyd-destun Cymru, efo jest dros hanner miliwn o siaradwyr Cymraeg a'r gweddill ddim yn siarad Cymraeg, mae'n rhaid i ni ganolbwyntio yma.

Serch hynny, mae strategaeth ddiweddar Llywodraeth Cymru i gyrraedd miliwn o siaradwyr Cymraeg erbyn 2050 yn gwneud datganiadau penodol sydd yn cysylltu swyddogaeth y Gymraeg ag integreiddio mewnfudwyr. Wrth ymdrin â mewnfudo a'r Gymraeg, cyfeiria'r strategaeth at y canlynol:

> Gall y Gymraeg hefyd ein helpu i groesawu pobl sy'n dod i fyw yng Nghymru a'u cynnwys fel rhan o'n cymdeithas. [. . .] Mae mewnfudo yn her i'r Gymraeg, ond gall hefyd fod yn gyfle i ddangos sut gall yr iaith gael ei defnyddio i gofleidio amlddiwylliannedd ac amrywiaeth. Gallai hynny fod drwy raglenni i ddysgu Cymraeg neu raglenni i helpu plant a theuluoedd i gefnogi dysgu a'u cynorthwyo i ymgartrefu yn eu cymunedau newydd.[70]

Er nad oedd camau pendant yn y strategaeth i ddatblygu'r awgrymiadau uchod, ceir rhai ymdrechion lleol sydd wedi ymateb i fylchau yn y ddarpariaeth, megis cynllun peilot Dysgu Cymraeg Caerdydd sy'n cynnig cyrsiau Cymraeg i ffoaduriaid a cheiswyr lloches, a lansiad 'Croeso i Gymru, Croeso i Sir Gâr, Croeso i'r Gymraeg', pecyn croeso Cyngor Sir Gaerfyrddin i newydd-ddyfodiaid.[71] Ar lefel genedlaethol mewnfudwyr yng Nghymru, datblygiadau polisi ESOL i Gymru sydd wedi bod yn nodweddiadol er mwyn gosod seilwaith cadarn ar gyfer dysgu Saesneg i fewnfudwyr, ac wrth osod y Saesneg yn sgìl hanfodol yn unol â sgiliau mathemateg a llythrennedd.[72] Nid yw'r un peth yn wir am ddatblygiadau'r Gymraeg ymysg mewnfudwyr.

Ym mholisi cyntaf ESOL i Gymru, nodwyd bod ESOL yng Nghymru yn fwy heriol oherwydd sefyllfa ddwyieithog Cymru. Cyflwynir y Gymraeg yn y ddogfen bolisi drwy esbonio bod dysgu iaith ychwanegol i'r Saesneg yn 'anodd' ac yn 'ddieithr':

> Gall dysgu ESOL yng Nghymru fod yn fwy o her i ddysgwyr. Gall adnabod a deall enwau lleoedd ac arwyddion Cymraeg fod yn anodd, yn enwedig pan fo Saesneg yn 'ddieithr' hefyd. Mae angen i ddarparwyr fod yn ymwybodol o hyn a helpu dysgwyr i ddeall y gwahaniaeth. Mae bod yn gymdeithas ddwyieithog yn darparu cyfoeth a all wneud dysgu Saesneg yn fwy diddorol fyth, ac anogir darparwyr i integreiddio'r iaith Gymraeg yn eu dosbarthiadau ESOL lle bo modd.[73]

Mae'r strategaeth ESOL yn diffinio'n eglur mai mynediad at y Saesneg yw'r allwedd i gydlyniant cymdeithasol a chynhwysiant yng Nghymru: 'Mae methu â chyfathrebu yn Saesneg yn ei gwneud hi'n anodd i unigolion fod yn aelodau llawn o'n cymdeithas a'n heconomi. [. . .] Felly rhaid i ni sicrhau bod addysg cyfrwng Saesneg ar gael i hybu cynhwysiant cymdeithasol ar gyfer y rheini nad ydynt yn siarad Saesneg [. . .]'.[74] Ar y naill law, anogant elfen o integreiddio'r Gymraeg i ESOL er mwyn i ddysgu Saesneg yng Nghymru fod yn fwy hwylus. Yn ôl cyfweliad gyda swyddog ar ran Llywodraeth Cymru, nodwyd y cafwyd trafodaeth yn y gorffennol am ddarpariaeth Gymraeg i fyfyrwyr ESOL (WSOL – Welsh for Speakers of Other Languages):

> GEH: You mentioned there was a debate about WSOL [. . .]

> S: There was simply not the take up. But then that's logical any more that you'd have a take of Spanish in this country. If you're an immigrant, your immediate thought is going to be [. . .] unless they are from Patagonia, but their first questions aren't going to be 'am I going to speak Welsh?' The questions are going to be 'can I speak English? Because I need that to be able to integrate more generally'.

Y consensws oedd bod y Gymraeg yn peri dryswch i fewnfudwyr nad ydynt yn siarad Saesneg:

> At a time, there was a sort of question, or debate over whether we would have something like WSOL. And then it was actually a case of questioning whether or not that that's really helpful to immigrants because if they can't speak English then Welsh is great in certain communities in order to really exist in the UK – English. And it [Welsh] can be more confusing for them. (Swyddog Llywodraeth Cymru)

Mae cyfweliadau ymchwil a wnaed gyda thiwtoriaid ESOL yn awgrymu meddylfryd tebyg. Pan ofynnwyd cwestiwn i un tiwtor ESOL yng Nghaerdydd am ddefnydd addysgu'r Gymraeg i fyfyrwyr ESOL, cafwyd yr ateb canlynol:

> Not really. I don't think so if I'm honest. I don't speak Welsh and I manage my life without speaking Welsh. I think if they lived somewhere that wasn't Cardiff, where they would hear more Welsh, you can go around and not hear much Welsh and you certainly don't need to use it to get yourself understood [. . .] Everybody has got constraints on their time. If they have to choose to learn Welsh or English they need to concentrate on their English. Sorry.

Nodwyd bod nifer o'r tiwtoriaid ESOL eraill y cyfwelwyd â hwy yn cadarnhau ymatebion swyddogion Llywodraeth Cymru, am eu bod yn ystyried dysgu Cymraeg fel rhwystr ychwanegol i'r myfyrwyr. Honna rhai o'r tiwtoriaid na fyddai'r Gymraeg yn hwyluso'u hintegreiddiad i Gymru, megis ceiswyr lloches. I'r rhain, byddai'r iaith yn rhwystr ar lefel ariannol yn ogystal ag ar lefel addysgol:

> It's just an awareness of the language. They are learning a language in order to live their lives and they don't need to learn Welsh to live their life [. . .] they have enough trouble learning English and living their life and getting their job. Learning Welsh is not really going to do anything. (Tiwtor ESOL, Caerdydd)

Nodir bod y tiwtoriaid dan sylw wedi arsylwi dosbarthiadau Cymraeg i'w myfyrwyr ar ddydd Gŵyl Dewi. Gofynnwyd felly i'r tiwtoriaid ESOL i ba raddau yr oeddent yn credu bod y myfyrwyr ESOL wedi ymateb yn gadarnhaol i'r cyrsiau blasu Cymraeg. Atebodd rhai o'r tiwtoriaid gan ddweud bod y myfyrwyr wedi mwynhau'r sesiynau ac yn dangos diddordeb ond nid oedd hynny yn sylfaen i ysgogiad pellach i ddysgu'r iaith:

> I wouldn't say the students ever enquire about the Welsh language. They are stimulated when we go to the St. David's Day celebrations. They are interested in the language and when we talked about the fact that minority languages are suppressed they are quite interested from a historical and cultural perspective. In terms of learning Welsh, there's not much interest because they have enough to do learning English and they feel English is what is going to get them a job and get them to speak to their doctor and help their kids in school. So yes I think there's a general interest in Welsh and Welsh culture but taking the time to actually learn the language – they are not so enthusiastic. (Tiwtor ESOL, Caerdydd)

Yn ôl y tiwtoriaid ESOL, mae gwerth offerynnol ac integreiddiol cryf i fewnfudwyr flaenoriaethu Saesneg yng Nghaerdydd am y ffaith fod y Saesneg yn iaith fwyafrifol yn y ddinas ac yn iaith wladwriaethol. Esboniodd swyddog ym maes ESOL fod rhai tiwtoriaid wedi gwrthwynebu'r syniad o gynnal sesiynau Cymraeg i fyfyrwyr ESOL a gynigwyd gan y Ganolfan Cymraeg i Oedolion fel rhan o ysgoloriaeth i fewnfudwyr:

> I had a bit of a bone – I had a battle when we were looking at the scholarship – I had a battle with some tutors. There were definite barriers there because they didn't take on board the need [. . .] some

> did. It's actually picking those initially – tutors who are on board and that bring the others on board. (Swyddog ym Maes ESOL)

Awgryma swyddog ESOL mai ymagweddau'r tiwtoriaid, yn hytrach nag ymagweddau'r mewnfudwyr, sydd yn achosi rhwystrau i fewnfudwyr ddysgu Cymraeg. Yn ôl y swyddog, oherwydd dylanwad y tiwtoriaid ar y myfyrwyr, byddai'n fuddiol codi ymwybyddiaeth o ddefnydd y Gymraeg ymysg y tiwtoriaid ESOL fel cam cyntaf mewn ymgais i hyrwyddo'r Gymraeg wedyn i fyfyrwyr ESOL:

> I think that is some of the barriers we get with some learners as it might be well 'I'm here to learn English'. For all our learners, this is an additional language for them. They're very familiar with learning other languages and very open to learning other languages so I'm wondering maybe how much that is maybe from a tutor's aspect rather than the learners.

Amlygodd yr ymchwil fod safbwyntiau tiwtoriaid ESOL Caerdydd yn gwrthgyferbynnu â safbwyntiau tiwtoriaid ESOL yng Ngwynedd. Esbonia tiwtoriaid ESOL yng Ngwynedd fod y Gymraeg yn adnodd offerynnol i'r mewnfudwyr gan ddiystyrru'r syniad fod y Gymraeg yn faich ychwanegol i gynlluniau mewnfudwyr wrth iddynt ymsefydlu yn y gymuned:

> [. . .] ond maen nhw'n gallu gweld y gwerth o ddysgu Cymraeg. Mae rhai o'n myfyrwyr ni yn dweud eu bod nhw eisiau cael swydd ac maen nhw'n dweud 'you must know basic Welsh'. Maen nhw'n gweld bod angen dysgu a siarad Cymraeg yn dda iawn. Maen nhw eisiau dysgu Cymraeg hefyd. 'Dyn nhw ddim yn gweld e fel 'o gosh, another thing.' (Tiwtor ESOL, Gwynedd)

Pwysleisia'r tiwtor yng Ngwynedd yr hoffai gael mwy o ryddid o fewn cwricwlwm ESOL i ddysgu Cymraeg i'w myfyrwyr:

> Baswn i'n hoffi dysgu lot mwy o Gymraeg i'n myfyrwyr ni ym Mangor achos maen nhw angen mwy o Gymraeg [. . .] Mae pobl

> sy'n rhieni hefyd—maen nhw'n gweld bod angen dysgu tipyn bach o Gymraeg. Baswn i'n gweld lot o angen am Gymraeg i rieni ac i fyfyrwyr ESOL. Byddai hynny'n ffantastig. (Tiwtor ESOL, Gwynedd)

Esbonia tiwtor ESOL arall yng Ngwynedd fod y galw am ddarpariaeth Gymraeg yno yn dod oddi wrth y mewnfudwyr eu hunain. Er hyn, eglura nad oes cyllid ar gyfer darpariaeth Gymraeg, fel yn achos y Saesneg, ar sail y ffaith nad yw'r Gymraeg yn cael ei hystyried yn gymhwyster hanfodol:

> Wel does dim pres. Mae'r pres [. . .] dw i'n gwneud *report* rŵan arno fe. Mae pres i ddysgu 'Essential Skills' – 'Dyn ni'n mynd allan i'r lle gwaith ond mae rhai o'n myfyrwyr ni'n dweud 'dyn ni eisiau dysgu Cymraeg' – maen nhw'n iawn os ydy'n nhw'n siarad Cymraeg ac eisiau gwella'u Cymraeg, ond dydy e ddim yn iawn os does dim byd o Gymraeg gyda nhw. Mae hynny, ella, yn rhywbeth sy eisiau newid. Mae hynny ddim yn 'promotio' – 'it's not promoting the Welsh language!' (Tiwtor ESOL, Gwynedd)

Yn ôl un swyddog ar ran Llywodraeth Cymru, nid cwestiwn o gymharu darpariaeth ESOL â Chymraeg i Oedolion mohoni. Honna'r swyddog fod sefyllfa darpariaeth Gymraeg i Oedolion yn gyfartal i bawb yng Nghymru, gan gofio bod y mwyafrif o boblogaeth Cymru â'r un ddarpariaeth â mewnfudwyr o'r tu allan i'r Deyrnas Unedig:

> Mae'n gyfartal i bawb yn hytrach na bod mewnfudwyr yn eu cael nhw am ddim ac wedyn bod y Cymry eu hunain yn gorfod talu. Byddai hwnna'n gwneud y sefyllfa hyd yn oed yn waeth, byddwn i'n tybio, achos bydd y bobl sy'n dod o'r wlad yn teimlo'n annifyr iawn eu bod nhw [y bobl leol] yn gorfod talu i ddysgu iaith eu hunain. Mae'r tensiynau'n wahanol. Mae cymharu ESOL a CiO yn beryglus iawn yn fy marn i achos maen nhw'n ddau beth eitha' gwahanol. (Swyddog Llywodraeth Cymru)

Daw'r cwestiwn ynghylch y ddarpariaeth yn ôl at gwestiynau ynghylch cydlyniant cymunedol. Yn ôl y swyddog ar ran Llywodraeth Cymru, byddai darpariaeth Gymraeg i fewnfudwyr ar sail yr un ddarpariaeth Saesneg i fewnfudwyr yn mynd yn groes i gydlyniant cymunedol am y byddai'n camwahaniaethu â gweddill y boblogaeth nad ydynt yn siarad Cymraeg:

> Tasen ni'n penderfynu bod mewnfudwyr yn cael nhw am ddim a 'dych chi ddim – fyddai ddim yn gweithio – fyddai fe ddim yn gweithio achos gweddill y gymdeithas byddai wedyn yn anghytuno â'r peth, a byddai cydlyniant cymdeithasol ddim yn bodoli aniwê achos byddan nhw'n pwyntio bys ar y lleill. (Swyddog Llywodraeth Cymru)

Ar sail ymagweddau'r tiwtoriaid ESOL, gwelwyd bod eu hymagweddau yn adlewyrchu ymagweddau Llywodraeth Cymru a'r Cynghorau Lleol ac eithrio tiwtoriaid Gwynedd. Hefyd, yn unol ag ymagweddau'r Llywodraeth, ystyria'r tiwtoriaid fod hyn yn gwestiwn o ddewis integreiddio drwy'r Gymraeg *neu'r* Saesneg. Am resymau ymarferol felly, mae'r Saesneg yn mynd i gynnig mwy o ospiynau i'r mewnfudwyr a hynny fydd y dewis strategol yn y tymor hir. Serch hynny, noda tiwtoriaid ESOL Gwynedd fod gwerth offerynnol ac integreiddiol mewn dysgu Cymraeg i fewnfudwyr, er nad yw'r ddarpariaeth ar gyfer oedolion yn caniatáu i fewnfudwyr gael yr un cyfleoedd i ddysgu Cymraeg a Saesneg ar hyn o bryd.

Ym mholisi diweddaraf Llywodraeth Cymru ar y ddarpariaeth ESOL yng Nghymru, ceir datganiadau mwy amlwg o ran buddiannau'r Gymraeg i fyfyrwyr ESOL.[75] Cyfeiria'r polisi newydd at ddosbarthiadau Cymraeg i Oedolion, yn arbennig pan fydd ceiswyr lloches a ffoaduriaid yn symud i ardaloedd Cymraeg eu hiaith. Datblygiad penodol yw hyn yn dilyn y Cynllun Adsefydlu Ffoaduriaid o Syria sydd wedi gosod teuluoedd o Syria ar draws cymunedau Cymru.[76] Atega'r polisi y canlynol: 'lle y bo hynny'n briodol, gall awdurdodau lleol ddefnyddio'u cyllid gan y Swyddfa Gartref i ddarparu cyrsiau Cymraeg hefyd'.[77] Pwysleisir bod y cyllid hwn ar gael yn unig mewn cymunedau Cymraeg eu hiaith, yn hytrach nag yn Nhreganna, Caerdydd, er enghraifft. Un o'r sylwadau mwyaf arwyddocaol yw'r honiad y gall 'dysgu Cymraeg gryfhau integreiddio a chydlyniant cymunedol ymhellach'.[78] Dengys fod datblygiad wedi bod er mwyn rhoi llwyfan mewn egwyddor i'r Gymraeg yn nhrafodaethau ar gydlyniant cymunedol. Ymhellach i hyn, yn niweddariad polisi ESOL Llywodraeth Cymru yn 2019, datgenir y bydd y Llywodraeth yn 'gweithio gyda darparwyr ESOL a'r Ganolfan Dysgu Cymraeg Cenedlaethol i gryfhau hyrwyddo'r Gymraeg mewn cyrsiau ESOL a gwella llwybrau mynediad i ddysgwyr ESOL i ddatblygu eu sgiliau Cymraeg a chyfrannu at uchelgais y Llywodraeth o gael miliwn o siaradwyr Cymraeg erbyn 2050'.

Heblaw am y datganiad hwn, prin yw'r polisïau sydd yn trafod darpariaeth Gymraeg a Saesneg gyda'i gilydd. Ar y cyfan, holltir ymdrechion i warchod y Gymraeg yn y cymunedau Cymraeg gan ddarpariaeth i gefnogi mwyfwy o fewnfudwyr i ymuno â chyrsiau ESOL, ac nid oes gwybodaeth bellach ar sut y gall tiwtoriaid integreiddio'r Gymraeg. Yn wir, heblaw am y sylwadau hyn, nid oes unrhyw wybodaeth bellach, strategaeth na darpariaeth benodol, ar gyfer dysgu Cymraeg i fewnfudwyr yng Nghymru. Rhaid cwestiynu felly beth yn union yw amcanion Llywodraeth Cymru er mwyn annog pobl i ddysgu Cymraeg yn y gymuned. Er mor ddymunol yw dysgu Cymraeg er mwyn cryfhau profiad integreiddio'r mewnfudwyr, opsiwn dewisol o ran y mewnfudwyr ydyw. Cawn bortread diglosig o swyddogaethau'r iaith, er gwaethaf Mesur y Gymraeg, sydd yn datgan na ddylai'r Gymraeg gael ei thrin yn llai ffafriol na'r Saesneg.[79]

I grynhoi, nid oes llawer o wahaniaethau yn argymhellion y ddwy Lywodraeth a'u strategaethau ar ddarpariaeth ieithyddol i fewnfudwyr. Mae'r ddwy Lywodraeth yn cytuno ei bod yn hanfodol dysgu Saesneg er mwyn integreiddiad 'sifig' ym Mhrydain. Fodd bynnag, mae polisïau Llywodraeth San Steffan hefyd yn ategu pŵer integreiddiol y Saesneg er mwyn ymgymhwyso'n ddinasyddion. Datgenir mai'r 'iaith a rennir' – *shared language* – sydd yn ein rhwymo ni fel dinasyddion Prydeinig. Er gwaethaf cyfeiriadau at iaith a rennir ym mholisïau Llywodraeth Cymru, nid yw'r Saesneg yn rhan annatod o'i pholisïau ar ddeall hunaniaeth a threftadaeth Cymru. Y gwrthdrawiad felly yw darpariaeth y ddwy iaith mewn cyd-destun Cymreig. Mae'r Llywodraeth Brydeinig yn hyrwyddo pwysigrwydd y Saesneg i Brydain ac yn darparu dosbarthiadau Saesneg i fewnfudwyr ledled Prydain. Mae Llywodraeth Cymru yn cydnabod pwysigrwydd y ddwy iaith – Cymraeg a Saesneg – i Gymru, er mai dosbarthiadau Saesneg yn unig a ddarperir ar gyfer mewnfudwyr. Er bod adroddiadau Estyn yn datgan bod elfennau o'r diwylliant Cymreig a'r Gymraeg yn cael eu hanwybyddu yng Nghaerdydd, mae elfennau o'r diwylliant a'r Gymraeg yn benodol yn cael eu hymgorffori i raddau yn nosbarthiadau ESOL ym Mangor ac Ynys Môn. Mae'n bosib dweud bod elfennau o ddinasyddiaeth 'amlgenedlaethol' ar waith yn yr ystafell ddosbarth Saesneg ac yn cael eu hannog gan gyrff addysg Cymreig megis Estyn – er gwaethaf diffyg strategaeth ar gyfer darpariaeth Gymraeg o'u cymharu â strategaeth Saesneg i fewnfudwyr. Dyma a ddywed yr Athro Colin Williams am bolisi blaenorol y Gymraeg yng nghyd-destun darpariaeth Gymraeg fel ail iaith yn benodol:

> [. . .] while Iaith Pawb contains fine rhetoric which legitimises policy, it is also replete with ill-defined mechanisms and says next to nothing on monitoring the effect of policies.[80]

Yn yr un modd ag y mae polisïau Llywodraeth Cymru yn gwneud datganiadau heriol o blaid y Gymraeg heb gynnwys mecanweithiau i fonitro effeithlonrwydd eu polisïau, mae'r Llywodraeth hefyd yn datgan ymrwymiadau i integreiddio mewnfudwyr heb gynnwys strategaethau ar sut i gynnal na monitro'r ddarpariaeth. Ymddengys na fydd strategaeth Cymraeg 2050 yn wahanol yn yr ystyr hwn.

Di-ffinio Dinasyddiaeth

Mae'r canfyddiadau sydd yn deillio o'r cyfweliadau a'r craffu ar bolisïau yn awgrymu mai ideolegau gwladychol ynghylch dinasyddiaeth unffurf hegemonaidd sydd yn 'ein clymu i mewn'[81], yn hytrach nag anallu i weithredu 'dinasyddiaeth' Gymreig. Ar ôl trin a thrafod polisïau Llywodraeth Prydain a Chymru, cesglir nad yw'r dulliau ar waith yn ymgyrraedd â datblygu dinasyddiaeth sifig sydd yn cynnwys y Gymraeg. Awgrymir bod hyn yn gysylltiedig â'r ffaith fod y cysyniadau mwyaf blaengar, megis amlddiwylliannedd a rhyngddiwylliannedd, yn cael eu diffinio a'u perchenogi gan agenda'r genedl-wladwriaeth. Er gwaethaf rhethreg amlgenedlaethol ac amlieithog y gwladwriaethau democrataidd, parhau y mae safbwyntiau ar gymathu mewnfudwyr i iaith a diwylliant oruchafol y wladwriaeth sydd yn deillio o'r oes Fictoraidd. Dyma sylwadau Simpson yn y cyswllt hwn:

> Although Britain is very obviously multilingual, its representation as a monolingual state, or one that at best tolerates a degree of regional bilingualism in Wales and Scotland, allies with the powerful ideology of 'one nation, one language'.[82]

Y feirniadaeth ar seilio dinasyddiaeth ar ddiwylliant yr is-wladwriaeth (ac fel y gwelwyd yn achos beirniadaeth ar bolisïau Québec) yw bod ei hiaith a chenedligrwydd yn cael eu hystyried yn nodweddion statig ac anhygyrch.[83] Yn achos Cymru, mae rôl y Gymraeg yn parhau i fod yn broblem i ddatblygu polisïau ar gynhwysiant a chydlyniant ar lefel genedlaethol. Nodwyd eisoes nad yw'r safbwyntiau hyn yn ddiduedd; honna Brooks fod y wladwriaeth yn sefydliadoli'r grŵp ethnig mwyafrifol ac yn cuddio elfennau cymathiadol y tu mewn i retoreg sifig.[84] Er bod y canfyddiadau'n dangos bod anghytgord ymhlith swyddogion polisi Llywodraeth Cymru, Cynghorau Lleol a darparwyr iaith ESOL, yr iaith oruchafol sydd yn cael blaenoriaeth.

Gwelwyd bod ideolegau ynghylch y Saesneg fel iaith ddiamod cydlyniant cymdeithasol yn cael eu porthi 'oddi lawr'. Honna David Cameron fod diffyg yng ngallu mewnfudwyr i siarad Saesneg ym Mhrydain yn creu *discomfort* a *disjointedness*.[85] Ymddengys fod unrhyw beth sy'n wahanol i siarad Saesneg, sef siarad iaith arall, fel y Gymraeg, yn 'codi rhwystrau' yn hytrach nag yn 'chwalu rhwystrau'. Dyma sy'n nodweddiadol o ymagweddau tiwtoriaid ESOL Caerdydd at fewnfudwyr yn dysgu Cymraeg. Yn sgil hyn, mae dadl gyhoeddus Brydeinig ar fewnfudo (a gwrth-fewnfudo) yn cael ei thrafod yn gynyddol yng nghyswllt eu sgiliau Saesneg.[86] Dywed Fortier:'While there is no denying that speaking the majority language is a useful tool, the way that language and integration are linked in government policy consistently locates the "problem" of integration in "English-free homes".'[87]

Am y rheswm hwn, dadleuir bod diffyg ewyllys polisi i gysylltu'r Gymraeg, mewnfudo ac integreiddio yn cynhyrchu 'anninasyddion' yn hytrach na 'dinasyddion' yng Nghymru.[88] Cysyniad yw hwn, a adeiladwyd ar waith Hammar, i ddisgrifio gweithwyr gwadd yn yr Almaen a oedd yn meddu ar rai hawliau cymdeithasol ond heb yr un hawl gwleidyddol.[89] Datblygwyd y cysyniad ymhellach i ddisgrifio pobl gydag anabledd[90], ac yn fwy diweddar unigolion megis mewnfudwyr, lle mae'r amodau a'r diffyg darpariaeth yn eu rhwystro rhag cyfranogi'n llawn o fewn y gymdeithas.[91] Er y gall mewnfudwyr feithrin hawliau cyfreithiol penodol, dywed Fortier: 'denial of linguistic property – of a legitimate ownership of English and other languages – to multilingual other-English speakers is also denying them citizenship, virtually if not legally.'[92]

Mae'r drafodaeth ynglŷn ag anninasyddiaeth o'r safbwynt hwn yn ymbellhau oddi wrth hawliau ac yn symud tuag at fodel o ddinasyddiaeth sydd yn seiliedig ar fedrau a galluoedd unigolion i gyfrannu. Pwysleisia Ramanathan fod ailddiffinio dinasyddiaeth ar lefel leol yn agor posibiliadau newydd i gyfrannu, ond bod hyn hefyd yn ddibynnol ar amodau'r gymuned leol:

> Seeking to go beyond viewing 'citizenship' in terms of the passport one holds or one's immigration or visa status, [. . .] this concept needs to be understood in terms of 'being able to participate fully'. The fuller implications of this phrase [. . .] depend on local conditions, policies, pedagogic engagements and borders that do and do not create equitable conditions.[93]

Mae'r pwyslais felly ar ymarfer dinasyddiaeth feunyddiol sydd yn cynnwys ieithoedd a chefndiroedd diwylliannol unigolion ac sydd yn mynd i'r afael â thensiynau a rhagdybiaethau ehangach:

> Conceptualising citizenship in this way includes the everyday living conditions of those seeking naturalization: the languages they bring with them, their native heritages and cultures, the language policies and assimilative ideologies of the host cultures and sources of tensions within the broader community.[94]

Er mwyn gweithredu dinasyddiaeth 'ddi-ffiniau', caiff unigolion eu hystyried felly yn ôl eu medrau neu'r medrau y gellid eu datblygu yn hytrach na'u hawliau.[95] Defnyddia Rutter gysyniadau Sen a Nussbaum er mwyn dadlau bod angen set o fedrau ar fewnfudwyr a hynny drwy bwysleisio pwysigrwydd darparu *facilitators* – hwyluswyr ar gyfer integreiddio megis sgiliau penodol:[96]

> Good planning and public policy requires clear aims. Thus, integration policy should aim to provide migrants with the facilitators, and thus the capability to ensure social inclusion and well-being; language and vocational skills, employment, decent housing and opportunities for socialising.[97]

Er bod Rutter yn pwysleisio datblygu sgiliau Saesneg, awgrymir y dylai polisïau Llywodraeth Cymru ddiffinio'r Gymraeg yn ogystal â'r Saesneg fel medr sydd yn arfogi mewnfudwyr i gymryd rhan lawnach mewn cymdeithas a rhoi'r pŵer iddynt i ddewis eu llwybr a datblygu sgiliau perthnasol iddynt fel dinasyddion newydd Cymru. O drafod y dull medrau, daw hanfodion y ddadl ynglŷn â'r ddarpariaeth Gymraeg i fewnfudwyr yn fwy eglur ac arwyddocaol. Mae hefyd yn agor llwybr newydd i'r ffordd y gall polisïau sy'n ymwneud â chymhwyso amrywiaeth yng Nghymru gyfrannu at hyn. Yn wir, nid yw syniadaeth o'r fath yn ddieithr i Gymru. Ym maes iechyd Cymru, bu cryn dipyn o ddiddordeb mewn model 'rhinwedd' sydd yn annog datblygu sgiliau a medrau unigolion er mwyn cynnal iechyd da yn hytrach nag ystyried iechyd yn ôl ei ddiffygion.[98] Newid mewn ieithwedd a rhethreg yn ogystal â pholisi sydd yn nodweddiadol yma, felly.

Yn hyn o beth, y mae modd cynnig llwybr neu lwybrau posib sydd yn adeiladu ar ddiffygion polisïau amlddiwylliannol. Dyna a wna Zapata-Barrero, ymchwilydd o Gatalwnia, drwy gynnig model polisi sydd yn ceisio darganfod ffordd ymlaen ar gyfer rheoli amrywiaeth yng Nghatalwnia.[99] Yn y model amlgyfeiriadol hwn, 'a comprehensive view of intercultural policy', adeiledir ar syniadau rhyngddiwylliannedd Bouchard o Québec am swyddogaeth diwylliant ac iaith genedlaethol ar y cyd â chysyniadau Ted Cantle o Brydain am gydlyniant cymunedol.[100] Serch hynny, cred Zapata-Barrero fod angen elfen arall mewn polisïau integreiddio er mwyn cymell pobl i ddod at ei gilydd a hybu creadigrwydd, arloesedd a datblygiad yn y gymuned. Ymgorfforiad o'r dull medrau yw hyn, a thrwy asio'r tair haen dan un fframwaith, honna fod modd creu model newydd sydd yn gweithio fel meicro polisi ar raddfa leol, yn ogystal â gweithio ar raddfa genedlaethol:[101]

> This interplay between tradition, cohesion and innovation is the framework within which we should ground intercultural policies. The three strands become a new paradigm. They bring together policies, behaviours, cultural practices, institutional routines and management programmes that can help create bridges between 'what has always existed', 'what generates social conflicts' (in broader terms), and 'what it is now'. It ultimately involves applying the equilibrium logic so rightly defended by Bouchard, and the anti-exclusion logic orienting Cantle's cohesion strand, but with the added value of innovation, creativity and human and social development.[102]

Eironi'r mater, wrth gwrs, yw bod model gan Zapata-Barrero yn fodel rhyngddiwylliannol. Er i Zapata-Barrero gytuno ag egwyddorion y model sydd yn rhagori ar ryngddiwylliannedd Prydeinig Cantle ym Mhrydain, ac yn adeiladu ar ryngddiwylliannedd Bouchard yn Québec, awgrymir y gellid osgoi glynu at derminoleg ryngddiwylliannol. Gwelwyd yn yr ymchwil fod y polisïau integreiddio i gyd, boed yn amlddiwylliannedd neu'n gymathiad, yn cael eu diffinio a'u dehongli o gyfeiriad unieithog y Wladwriaeth Brydeinig. Nid oes fawr o wahaniaeth yn y modd y mae'r polisïau hynny'n cael eu gweithredu yng Nghymru o safbwynt y Gymraeg ac amlieithrwydd. Serch hynny, rhinwedd y dull medrau yw ei fod yn cyflwyno ochr ymarferol i bolisi integreiddio ac i ddinasyddiaeth nas ystyriwyd yn ddigonol hyd yma. Tra bo'r cysyniadau neu 'haenau' eraill yn seiliedig ar hawliau unigolion neu grŵp, mae'r haen ychwanegol hon yn seiliedig ar gynhyrchu rhywbeth o'r newydd megis mentrau newydd sydd yn hybu datblygiad medrau personol a chymdeithasol.

Mae cynnwys y dull mewn model o integreiddio i Gymru yn gam ymlaen. Nid sicrhau hawliau neu gynhyrchu adnoddau yw'r nod, ond pwysleisir budd rhyngweithio drwy ddatblygu medrau. Mae'n cryfhau'r ddadl dros gynnig mynediad i'r Gymraeg, yn galluogi i'r model polisi hwn fod yn rhagweithiol ac yn gynhwysol er mwyn gweithredu o'r gwaelod i fyny ac ar draws cymunedau. Rhinwedd y dull medrau yw bod y medrau'n ddibynnol ar ewyllys yr unigolyn a'r cyd-destun lleol. Rhoddir llwyfan i eraill leisio'r hyn y maent yn dymuno ei gyflawni mewn bywyd. Felly, wrth gyflwyno'r dull medrau, ac wrth ddiffinio'r Gymraeg fel medr ymhlith eraill, rhaid gwahanu elfennau cudd cymathiedig y modelau blaenorol er mwyn gallu gosod ffwythiannau megis sgiliau iaith yn eu plith. Y mae, felly, yn agor drws ar ddosbarthiadau iaith, megis cynllun i gyflwyno dosbarth dinasyddiaeth, i allu cyfrannu at fodel integreiddio Cymreig, cynhwysol a datblygol.

Noder enghraifft adnabyddus Benedict Anderson a gyflwynodd y syniad am y genedl megis 'cymuned ddychmygol'.[103] Yn ogystal â hyn, gwelir tuedd gynyddol tuag at gysyniadau ôl-strwythurol sydd yn edrych ar natur ddatblygol a thrawsnewidiol iaith a diwylliant ac sydd yn symud i ffwrdd o gategoreiddio grwpiau fel endidau sefydlog.[104] Fel nifer o academyddion eraill,[105] dadleua Wright fod rhaid ystyried iaith megis proses ac ymarfer ac nid iaith megis system er mwyn deall cymunedau ieithyddol y dyfodol: 'the top-down requirement to acquire a national standard does not dovetail with the new social and economic phenomena [. . .] and is not in concert with the global and local identites that migrants assume'.[106] Honna Blommaert ein bod mewn cyd-destun o gymysgedd yn hytrach na chyd-fodolaeth ieithoedd, a bod amrywiaeth ddiwylliannol hyd yn oed mewn llefydd mwy gwledig yn cael eu hail-ddychmygu ar hyd llinynnau creadigol.[107] Creadigrwydd yn y gymuned sydd, yn ôl Ned Thomas, yn caniatáu 'gofod lle mae'r diwylliant yn rhydd i anadlu a datblygu, boed hwnnw'n ofod tiriogaethol neu'n ofod sefydliadol'.[108] Yn hyn o beth, awgryma Blommaert y bydd polisïau iaith yn y dyfodol yn cael eu cyfeirio at brosesau iaith anghytbwys a sigledig 'oddi fyny' yn hytrach nag 'oddi lawr'.[109] Mae'n eglur, felly, fod angen ffordd newydd o drin dinasyddiaeth nad yw wedi'i fframio ar sail cysyniadau unieithog y genedl-wladwriaeth nac ychwaith yn anwybyddu diwylliannau lleiafrifol cenedlaethol a mewnfudol – model y mae ei angen i ymateb i brosesau lleol ar lawr gwlad mewn modd deinamig a chreadigol. Dywed McCarty: 'Policy is best understood as a verb: policy "never just is", but rather "does"'.[110] Dengys ei gwaith fod polisi a chynllunio iaith oddi fyny yn dechrau pan fo newidiadau mewn arferion disgwrs ar lefel y gymuned.

Er mwyn dechrau 'di-ffinio' dinasyddiaeth wladychol a diffinio dinasyddiaeth o'r newydd, dadleuir bod angen edrych ar brosesau integreiddio drwy wahanol haenau a chyfeiriadau cymdeithas ac ymateb i'r anghenion o ganlyniad. Dyma fydd calon y bennod nesaf wrth roi llwyfan i leisiau ac ymatebion mewnfudwyr i'w bywydau yng Nghymru. Yn wir, mae natur ethnograffig yr ymchwil wedi caniatáu edrych o'r newydd ar bolisi drwy groestorri haenau biwrocratiaeth a dimensiynau meicro, macro a meso yn yr ystafell ddosbarth iaith, â'r unigolyn, y gymuned a'r sefydliadau – 'slicing the [policy] onion ethnographically', yn ôl Hornberger a Johnson.[111] Y gobaith yw, wrth roi llais i fewnfudwyr, y gellir mynd i'r afael ag anghydraddoldebau yn y ddarpariaeth ieithyddol ac agor posibiliadau newydd i fewnfudwyr gyfranogi ac ymarfer dinasyddiaeth Gymreig.

Addas felly yw ailymweld â galwad Kymlicka ac ailddehongli dinasyddiaeth genedlaethol ym Mhrydain, ac un neilltuol yng Nghymru yn y drafodaeth hon. Er bod trafodaethau ar amlgenedlaetholdeb, fel y'i ceir mewn egwyddor yng Nghanada ffederal yn gam ymlaen yn y cyd-destun Prydeinig, enghraifft Québec o ddinasyddiaeth is-wladwriaethol a chenedlaethol ei natur sydd fwyaf priodol i sefyllfa Cymru – dinasyddiaeth answyddogol, greadigol a lluosogol yn ei hanfod. Ar lefel sylfaenol, dangosir bod y Ffrangeg yn Québec, a oedd ar un adeg yn cael ei heithrio o drafodaeth ar gydlyniant a pholisi, wedi'i diffinio a'i datblygu i fod yn adnodd cynhwysol mewn fframwaith lluosogol. Yn wahanol i bolisïau Canada ffederal, gwelwyd bod polisïau cydlyniant cymdeithasol Québec yn diffinio camau penodol ar gyfer rheoli amrywiaeth fel bod mewnfudwyr yn datblygu ffafriaeth at y Ffrangeg. Yn fwy na hynny, mae'r prosiect o greu dinasyddiaeth answyddogol yn Québec yn un newidiol sydd â'i gwreiddiau yn y gymuned:

> Québec's intercultural citizenship clearly belongs to the realms of realpolitik in that it is anchored in the nation – the notion of community which is still relevant to the most people in Québec.[112]

Mae datblygu dinasyddiaeth o'r fath yn golygu ymrwymiad a chyfrifoldeb y gymuned groeso a'r mewnfudwr ynghyd. Yn achos Québec, dechreuwyd gyda chydnabyddiaeth o bwysigrwydd mewnfudwyr i ddyfodol y gymuned ieithyddol. Yn ogystal â diffinio swyddogaeth iaith yn y 'bowlen salad'[113], mae angen i ddinasyddiaeth Gymreig synied am integreiddio fel proses ddwy-ffordd. Dyna a ddywed Edwards, sef 'mai un o'r heriau mawr i Gymru ac i'r gymuned Gymraeg fydd ystyried ein perthynas â dysgwyr yr iaith, boed nhw'n fewnfudwyr ai peidio'.[114]

3

'Dinesydd fydda i – dw i eisiau dysgu Cymraeg': Llunio darpariaeth Gymraeg i fewnfudwyr

Gellid dadlau mai amhriodol neu gwir amhosib yw llunio darpariaeth Gymraeg i fewnfudwyr i'r Gymru sydd ohoni, gan nad oes rhaid i fewnfudwyr ddysgu Cymraeg. Yn wir, dyma oedd ymateb nifer o diwtoriaid iaith a swyddogion Llywodraeth Cymru a'r Cynghorau Lleol y cyfwelwyd â hwy yn ystod y prosiect ymchwil. Dyma'r agwedd feddwl hefyd oedd y tu ôl i gyhuddiadau yn erbyn cenedlaetholwyr Cymraeg a chymunedau Cymraeg, wrth fynnu fod y Gymraeg yn hanfodol, mewn ymateb, er enghraifft, i safbwynt Seimon Glyn mewn cyfweliad â BBC Radio Wales a'r ddadl ynghylch rôl y Gymraeg yng Ngwynedd.[1] O ganlyniad, rhoddodd hyn daw ar ymgyrchwyr iaith rhag cael eu tynnu i mewn i ddadl am genedlaetholdeb hiliol. Anodd, serch hynny, yw anwybyddu'r sefyllfa baradocsaidd heddiw wrth i'r ddadl gyhoeddus Brydeinig ar fewnfudo (a gwrth-fewnfudo) gael ei thrafod yn gynyddol yng nghyswllt sgiliau Saesneg mewnfudwyr. Honna Brooks fod y dadleuon yn erbyn hyrwyddo'r Gymraeg mewn cymdeithas fodern yn bodoli yn unig ar sail darllen tystiolaeth trwy un lens.[2] Bydd y bennod hon yn dadlau ymhellach fod anwybyddu'r dystiolaeth am brofiadau mewnfudwyr a'r Gymraeg yn meithrin polisïau integreiddio diffygiol yng Nghymru. Bwriad y dystiolaeth ethnograffig yw gosod lleisiau'r bobl wrth galon y drafodaeth er mwyn tynnu sylw at y cymariaethau a'r gwrthdrawiadau mewn ymagweddau at fewnfudo, integreiddio ac addysg iaith.

Yn hytrach na chyflwyno safbwyntiau trwy lens yr ymchwilydd yn unig, bydd y bennod hon yn canolbwyntio ar eraill. Gwneir sylwadau yn seiliedig ar brofiadau unigolion a gymerodd ran yn yr ymchwil – tiwtoriaid a myfyrwyr yn bennaf. Wrth ddefnyddio dulliau ethnograffeg, dadleuir bod dealltwriaeth well o'r byd yn bosib, gan fod yr ymchwil yn creu cysylltiadau yn hytrach na datgan safbwynt ynysig. Daw'r dyfyniadau o gyfweliadau lled-strwythuredig gyda mewnfudwyr ar gyrsiau Cymraeg i Oedolion yn ogystal â mewnfudwyr ar gyrsiau ESOL yng Nghaerdydd a Gwynedd. Hefyd, drwy ddefnyddio dull ymchwil weithredol, trafodir canlyniadau arbrawf i sefydlu 'dosbarth dinasyddiaeth' i fyfyrwyr ESOL yng Nghaerdydd. Ni thargedir un grŵp o fewnfudwyr yn unig; ymdrinnir ag agweddau mewnfudwyr o'r tu allan i'r Deyrnas Unedig – y rheini nad yw'r Saesneg na'r Gymraeg yn famiaith iddynt ac sydd yn ceisio creu bywydau newydd ym Mhrydain, ac yng Nghymru yn benodol. Wrth ystyried cefndir y mewnfudwyr a'r ffactorau cymdeithasol sydd yn dylanwadu ar 'daith iaith' y mewnfudwr, bydd y bennod yn datgelu ymatebion mewnfudwyr i ddysgu Cymraeg a'r modd y maent yn herio'r safbwyntiau a gyflwynwyd gan diwtoriaid a swyddogion llywodraethol yn y penodau blaenorol. Yn hyn o beth, cyfatebir ag ymchwil pedagogaidd adnabyddus gan Lev Vygotsky a Jerome Bruner sydd yn pwysleisio'r angen i fyfyriwr ddatblygu *persona* annibynnol ac nid efelychu safbwyntiau eraill o'u cwmpas.[3] Yn wir, mae'r egwyddor o sicrhau datblygiad annibynnol yr unigolyn ar hyd continwwm hefyd wrth wraidd cwricwlwm newydd i Gymru gan Lywodraeth Cymru.[4]

Er bod tuedd i gategoreiddio iaith neu ei disgrifio hi fel endid statig, rhydd y bennod hon sylw i sut y mae'r profiad o ddysgu iaith yn broses lle mae unigolyn yn herio, ailddehongli safbwyntiau ac yn creu *persona* cymdeithasol.[5] Dadleuir felly nad mater o gaffael sgiliau ieithyddol yn unig yw'r broses o ddysgu Cymraeg, ond proses o negodi hunaniaeth a all arwain at ddeongliadau newydd ynghylch iaith, cymuned, perthyn a Chymreictod hefyd. Yn hyn o beth, edrychir ar sut y mae cymhelliant mewnfudwyr i ddysgu Cymraeg yn herio dicotomi traddodiadol rhwng cymhelliant integreiddiol ac offerynnol yn ogystal â thorri'r rhaniad rhwng yr ethnig a'r sifig[6] er mwyn esgor ar bosibiliadau newydd i ddatblygu ac ymarfer dinasyddiaeth leol drwy ddosbarthiadau iaith.

Trafodir y rhwystrau i ddatblygu darpariaeth i fewnfudwyr yn rhannol oherwydd ymarferion dysgu yn ogystal ag ideolegau'r gymuned groeso. Cwestiynir i ba raddau y mae'r Gymraeg yn cael ei thrin megis yr iaith 'arall', yn hytrach na chael ei ffrydio i mewn i'r dosbarth ESOL. Yn ôl Pujolar, mae dosbarthiadau i fewnfudwyr yng Nghatalwnia, lle dysgir Sbaeneg a Chatalaneg, yn dueddol o ystyried y Gatalaneg o fewn fframwaith y Sbaeneg.[7] O ganlyniad, honna Pujolar nad yw'r tiwtoriaid yn ystyried y Gatalaneg yn iaith sydd yn addas ar gyfer integreiddio cymdeithasol mewnfudwyr. Er gwaethaf polisïau sydd yn sefydlu'r Gatalaneg yn iaith gyhoeddus, caiff y Gatalaneg ei thrin megis math o 'graidd' hunaniaeth guddiedig, a rhaid cyrraedd yr hunaniaeth hon drwy ddysgu Sbaeneg yn gyntaf. Mae'r rhaniad hwn, yn ôl Pujolar, yn adlewyrchu ymagwedd ehangach y llywodraeth yng Nghatalwnia a'i dinasyddion, mai iaith aelodau 'mewnol' yw'r Gatalaneg tra bod y Sbaeneg yn fwy addas am resymau ymarferol. Nid calon y mater yw pa iaith sydd yn gweddu i integreiddio, yn ôl Pujolar, ond sut i gynhyrchu ac adnabod dwyieithrwydd cytbwys.[8] Byddai ystyried hyfforddiant a dulliau dysgu priodol ar gyfer dosbarthiadau Cymraeg i fewnfudwyr yn gam tyngedfennol, felly, er mwyn datblygu darpariaeth lwyddiannus.

Awgryma'r canlyniadau fod ymagweddau negyddol yn y gymuned yn gallu llesteirio taith mewnfudwyr parthed y Gymraeg. Gall hyn hefyd gynnwys siaradwyr Cymraeg. Yn aml, ni ŵyr aelodau'r gymuned groeso sut yn union i ddod i adnabod mewnfudwyr na'u croesawu i'w cymunedau. Dyma fater a drafodir yn Québec gydag ymdrechion i hyrwyddo'r Ffrangeg yn arwyddnod o berthyn i'r genedl. Er gwaethaf polisïau a darpariaeth cyrsiau Ffrangeg, digwydd integreiddio cymdeithasol ar y lefel leol, yn y gymuned groeso ei hun. Penderfyniad y *Québécois francophones* ydyw i ba raddau y maent yn ymarfer lletygarwch – *hospitalité identitaire* – yn eu hiaith. Dylai mewnfudwyr gael eu symbylu a'u hatynnu gan y gymuned groeso felly[9], ac yn ôl rhai academyddion, dyna'r allwedd i integreiddio llwyddiannus.[10]

Herio Hegemoni

> I start to learn English in school because it was part of the programme with French and at some point Russian, French, German and Latin. This is the school. Because of business, I had to learn English, nothing to do with England itself – nobody knew that I will start a life in England.[11] English is a different business. Like it or not, it is an international language and it's good, if you start to learn a language. [. . .] Welsh is another matter. I am in this country, sooner or later I will be a citizen of this country – I want to learn Welsh. (Myfyriwr ESOL, Caerdydd)

Yn y dyfyniad hwn, datgelir sut y mae un mewnfudwr yn deall y sefyllfa ieithyddol yng Nghymru a sut y mae'n addasu i'w sefyllfa bersonol. Er bod gwahanol gymelliannau dros ddysgu Saesneg a Chymraeg, nid yw'n categoreiddio'r ieithoedd er mwyn dewis pa un sydd yn addas ar gyfer integreiddio, ond yn egluro bod y ddwy iaith yn perthyn i'w brosiect integreiddio. Ystyria Saesneg yn iaith ryngwladol ac iddi ffactorau economaidd cryf, ond cysyllta'r Gymraeg ag elfen o ddyletswydd fel dinesydd newydd yng Nghymru.

Nid sylwadau ynysig yw'r rhain. Yn sgil cyfweliadau a oedd yn holi am gymhelliant ac ideoleg mewnfudwyr ynghylch iaith ac integreiddio yng Nghymru, daeth yn amlwg fod nifer o'r rhesymau emosiynol dros ddysgu Cymraeg yn debyg i'w gilydd. Er gwaethaf y gwahaniaeth rhwng lleoliadau mewnfudwyr yng Nghaerdydd a Gwynedd, nododd y mewnfudwyr y cyfwelwyd â hwy fod dysgu Cymraeg yn gam rhesymol am y ffaith eu bod nhw wedi ymsefydlu yng Nghymru ac am fod y Gymraeg yn briod-iaith i Gymru:

> First because I think, as I said before, I will be here as much as I live, I think. So it's good that I know the place where I am and I would like also to know more about, not just the language, also the history of Wales and knowing more about it because I'm here anyway. (Myfyriwr Dosbarth 'Dinasyddiaeth', Caerdydd)

Ymddengys fod cymhelliant i ddysgu yn gysylltiedig â sefydlogrwydd. Gwelwyd bod y mewnfudwyr y cyfwelwyd â hwy yn dymuno aros yng Nghymru ac ymddengys fod hyn yn dylanwadu ar eu dewisiadau bywyd. Ymhellach, nodir bod eu cymhelliant i ddysgu Cymraeg yn deillio o'u chwilfrydedd i ddarganfod mwy am eu cartref newydd ynghyd â bod yn destun balchder iddynt hefyd:

> For this reason, I'm thinking to learn Welsh because we live here and we should be proud to know about, something about what happened in this country, what is the language, to be able to speak the language. (Myfyriwr ESOL, Caerdydd)

Gwelwyd gan nifer fod yna ddimensiwn integreiddiol dros ddysgu Cymraeg a theimlo'n 'gartrefol' yng Nghymru. Yn hyn o beth, gwelwyd bod elfen o fod yn gartrefol yn gysylltiedig â dangos ewyllys da a pharch tuag at y gymuned groeso ac addysg Gymraeg yn ogystal â'r dymuniad i gyfathrebu â'r bobl leol:

> Dw i'n teimlo mwy gartref yng Nghymru nawr. Dw i o wlad arall a Saesneg yw fy ail iaith. Felly mae'n rhyfedd mai dyma un o'r rhesymau dw i wedi dechrau dysgu Cymraeg. Falle do'n i ddim yn *realise*, sylweddoli [. . .] ond siŵr o fod er mwyn bod yn gartrefol yma. (Myfyriwr CiO, Caerdydd)

> Sa'n i'n licio siarad Cymraeg efo pobl o Gymru. A hefyd dwi'n meddwl ella dwi'n cael 'disgownt' neu rywbeth os ydw i'n siarad Cymraeg yn haws! (Myfyriwr CiO, Gwynedd)

Mae'r canfyddiadau'n datgelu bod sawl rheswm, yn offerynnol ac emosiynol, yn eu cymell i ddysgu Cymraeg. Noda nifer o'r mewnfudwyr bod dysgu Cymraeg yn fuddsoddiad personol ac yn adnodd economaidd iddynt:

> Even if it's only for my pride, it is good enough. But it's not the case. It's about business – some jobs require Welsh. At this moment – just some. How I said earlier, maybe in the near future, more and more jobs will require knowing Welsh. This is quite a powerful reason. I can't see any other reason to be honest. (Myfyriwr ESOL Caerdydd)

> Yn ail yn y swyddfa, efallai mae e'n dda ar fy CV am fy ngyrfa yn y dyfodol. Falle hoffwn i weithio rhywle arall. Mae e'n neis i ddeall yn y stryd – mae e'n ddwyieithog. Mae e weithiau'n ysgrifennu rhywbeth dim ond yn Gymraeg. (Myfyriwr CiO, Caerdydd)

Gwelir felly fod y Gymraeg yn adnodd sydd ag elfennau integreiddiol ac ymarferol iddi. Yn nhermau Bourdieu felly, gellir honni bod cyfalaf ieithyddol y Gymraeg yn ehangu i gynnwys cyfalaf economaidd yn ogystal â chyfalaf cymdeithasol a diwylliannol.[12] Mae'r cymhellion hyn ynddynt eu hunain yn datgelu bod darpar-grŵp o unigolion amlieithog yn fodlon, ac yn gallu, dysgu ieithoedd newydd.

Serch hynny, datgelwyd bod mewnfudwyr yn profi rhwystrau penodol i ddysgu Cymraeg o ran mynediad at yr iaith, ac o ganlyniad i gyfleoedd dysgu a gwaith. Yn y dyfyniad isod, gwelir enghraifft o fewnfudwr a oedd yn dymuno dysgu Cymraeg a Saesneg wrth iddo ymsefydlu yng ngogledd Cymru. Esbonia fod y ffioedd ynghlwm wrth ddarpariaeth Gymraeg wedi'i gymell i ddysgu'r Saesneg yn gyntaf:

> Pan es i i Goleg [. . .] – ro'n nhw fel 'wel mae 'na scholarships i ddysgu Saesneg am ddim'. Be am Gymraeg? Mae 'na ddisgownt ond dylai ti dalu – dim llawer ond tipyn bach. Myfyriwr o'n i, felly, doedd gen i ddim llawer o bres ac mi benderfynais i Saesneg yn gyntaf a pan fydd gen i bres, ella dw i'n astudio Cymraeg. (Myfyriwr CiO, Gwynedd)

Er bod yr unigolyn hwn wedi cael cyfle i ddysgu Cymraeg yn ddiweddar fel rhan o'i swydd, dywed fod anghytgord rhwng yr hyn y mae Llywodraeth Cymru yn ei ddatgan o ran cydraddoldeb y Gymraeg a Saesneg a darpariaeth y Gymraeg a Saesneg:

> Os oes 'na bolisi dwyieithog *equal* ac ati, mi ddylai'r Llywodraeth fatsio'r *funding*. Fel arall, does na ddim pwynt dweud pethau fel [. . .] sy ddim yn digwydd yng Nghymru ar hyn o bryd. (Myfyriwr CiO, Gwynedd)

Mewn ateb arall, mae myfyrwraig yn esbonio ei bod yn dymuno dysgu Cymraeg fel y Saesneg. Esbonia'r unigolyn fod ganddi ewyllys i gyfrannu i'r gymdeithas a bod o fudd economaidd i Wynedd. Serch hynny, mae'r dyfyniad isod yn datgelu'r rhwystrau yn ei phrofiad hi o gael mynediad at ddarpariaeth iaith a swyddi yng Ngwynedd drwy gyfrwng y Gymraeg. Dywed fod hyn yn ei gorfodi i ailfeddwl ei chynlluniau i'r dyfodol:

> I'm considering very seriously my options because I can't get the job I want here. Even if I study Welsh for the next ten years, my level will not be as good as a native person and I will always be compared to a native person. And to go in Gwynedd Council, I don't think I have any future. (Myfyriwr CiO, Gwynedd)

Yn yr un modd, mae myfyriwr arall hefyd yn mynegi teimladau o anffafriaeth o ran darpariaeth a mynediad at y Gymraeg. Teimla'r unigolyn fod polisïau Cymraeg yn ffafrio siaradwyr Cymraeg brodorol yn unig ac nad ydynt yn hybu dysgwyr a siaradwyr newydd yr iaith i sicrhau swyddi yng Ngwynedd. Hoffai pe byddai'r gweithle'n cefnogi unigolion fel hi ei hun i ddysgu Cymraeg fel rhan o gytundeb rhyngddi â'r gweithle. Dengys y dyfyniad isod fod hyn yn digalonni'r unigolyn a'i chadw rhag dysgu Cymraeg yng Ngwynedd ac, ym marn y person hwn, ceir yma enghraifft o waharddiad ieithyddol:

> In theory, the way the Welsh language policies are drafted at the moment are counter-productive for accessing the Welsh language because people are just discouraged. I came to the point because I'll never get to that level. I'm not getting a job in the Council anyway. I'm not getting there or there. I'm just not going for these jobs. [. . .] This way, I would have been encouraged to do something but that is not done. So in the end, what I feel like is that it's being used as a medium of discrimination. (Myfyriwr CiO, Gwynedd)

Er bod Barry yn honni bod ffafriaeth at siaradwyr Cymraeg yn y gweithle yn effeithio'n negyddol ar siaradwyr di-Gymraeg, mae'r ymchwil yn awgrymu mai diffyg cyfleoedd i ddysgu Cymraeg sydd wrth galon pryderon mewnfudwyr.[13] Effaith hyn, fodd bynnag, yw bod mewnfudwyr yn cael eu heithrio rhag dod yn siaradwyr Cymraeg newydd. Yn ogystal â hyn, sonia'r myfyrwyr sydd ar gyrsiau prif ffrwd Cymraeg i Oedolion fod y dosbarthiadau Cymraeg yn ddibynnol ar ddealltwriaeth helaeth o'r Saesneg a'r cyd-destun diwylliannol Prydeinig:

> Ro'n i ddysgu efo pobl o Loegr fel arfer. Ro'n i'n colli pethau diwylliannol ac ati. Hyd yn oed pan wnaethon ni pethau fel *phrases* a phethau fel 'na. Roedden nhw'n cyfieithu nhw mewn i *phrases* Saesneg a do'n i ddim yn gwybod. Ro'n i'n mynd ar goll tipyn bach oherwydd y cyd-destun Prydeinig i gyd. (Myfyriwr CiO, Gwynedd)

Beirniada rhai o fyfyrwyr y cyrsiau gan esbonio nad oedd y cwrs yn addas ar gyfer siaradwyr Saesneg ail iaith gan eu bod yn ceisio datblygu eu gafael ar y Saesneg yn ogystal â'r Gymraeg. Noda myfyriwr arall fod cyfrwng y dysgu, o bosib, yn rhoi'r argraff i fyfyrwyr fod y Gymraeg yn eilradd i'r Saesneg:

> I think that by teaching Welsh through English it always makes it very dependent on English and like a subsidary language but not really – it does really stand on its own. At the same time perhaps you need that point of reference. I find [. . .] maybe I shouldn't but I'm learning Welsh through English so I don't translate the vocab into Spanish but into English. (Myfyriwr CiO, Caerdydd)

Er bod yr unigolyn yn awgrymu ei bod yn hawdd iddo ddefnyddio'r Saesneg fel cyfrwng rhwng Sbaeneg a Chymraeg, awgrymir y byddai ystyried dulliau dysgu priodol ar gyfer dosbarthiadau Cymraeg i fewnfudwyr, heb Saesneg fel mamiaith, yn gam tyngedfennol er mwyn hwyluso defnydd yr iaith darged.

O fewn y dosbarth ESOL, datgelwyd hefyd fod y Gymraeg yn cael ei thrin i raddau fel yr iaith 'arall' yn hytrach na chael ei ffrydio i mewn i'r dosbarth. Er gwaethaf cefnogaeth y tiwtoriaid ESOL i'r Gymraeg yng Ngwynedd, sylwyd nad oedd ymgais i ymgorffori'r Gymraeg yn y wers ESOL yn y dosbarthiadau. Roedd y tiwtoriaid, serch hynny, yn defnyddio Cymraeg er mwyn cyfathrebu â fi a thiwtoriaid eraill yn ystod y gwersi ac er mwyn siarad am y myfyrwyr, yn hytrach na siarad â'r myfyrwyr. Teimlwyd bod yr iaith, o ganlyniad, yn cael ei defnyddio fel côd rhwng y tiwtoriaid o fewn y dosbarth. Yn ystod arsylwadau dosbarth ESOL yng Nghaerdydd, nodwyd bod holl gynllun y dosbarth wedi'i fframio o gwmpas y Saesneg. Nid oedd yn rhoi unrhyw sylw penodol i'w hieithoedd cynhenid ychwaith, na manteision amlieithrwydd. Roedd f'arsylwadau cyfranogol, fodd bynnag, yn gyfle i godi rhywfaint o ymwybyddiaeth o'r Gymraeg. Yn sgil hyn, gofynnodd un myfyriwr i'r tiwtor – 'are we having an English-Welsh class today?'

Anodd, serch hynny, yw rhagweld dysgu'r Gymraeg yn yr ystafell ddosbarth ESOL gan nad oedd gan y tiwtoriaid ESOL adnoddau i ddefnyddio'r Gymraeg yn eu gwersi a'r ffaith fod gan y mwyafrif o'r tiwtoriaid yng Nghaerdydd gyn lleied o wybodaeth am y Gymraeg ar hyn o bryd. Penderfyniad y tiwtor ESOL yw cynnwys elfennau o'r Gymraeg o fewn y gwersi. Roedd hyn, i raddau helaeth, yn cefnogi diffiniad y system ESOL: 'a compensatory education program to aid the assimilation of immigrant communites into what is perceived as a traditionally monocultural, monlinguistic heritage.'[14]

Yn ôl tiwtoriaid CiO a thiwtoriaid ESOL Bangor, mae diffyg cydraddoldeb rhwng y ddarpariaeth ESOL a CiO yn rhwym o effeithio ar y gymdeithas. Yr ymdeimlad ymhlith rhai o'r mewnfudwyr a'r tiwtoriaid yw bod y Gymraeg yn cael ei defnyddio yn eu herbyn nhw, am nad ydynt yn derbyn yr un gefnogaeth i ddysgu Cymraeg a Saesneg, er bod rhesymau gyrfaol amlwg dros ddysgu Cymraeg. Ymdeimlad ymysg carfan o'r unigolion hyn yw bod y Gymraeg yn cael ei chynnig megis iaith yr addysgedig, iaith y dosbarth canol. Ar sail yr arsylwadau ESOL, cesglir nad oes gan diwtoriaid yn aml 'mo'r gallu na'r hyder i gynnwys y Gymraeg yn eu gwersi. Mewn cyd-destun lle roedd y tiwtor yn siarad Cymraeg, ynghyd â'r awgrym fod y dysgwr yn cael ei gau allan, awgrymir bod y Gymraeg yn cael ei thrin o gyfeirbwynt y Saesneg a bod hyn yn cyfleu'r syniad bod y Gymraeg yn israddol – nodwedd o *language interposition* yn ôl Pujolar.[15] Adleisir hyn ymhellach mewn arolwg ymgysylltu a gynhaliwyd gan Lywodraeth Cymru ar safonau addysgu proffesiynol ar gyfer addysg bellach:

> Currently most of my learners are either ESOL or have basic skills issues and the focus must be to embed the English language to enable learners not to be disadvantaged in the UK workforce. I try to embed some Welsh language but this is tokenistic. I work in pop up classrooms so unable to create a Welsh language environment.[16]

Er bod y polisi ESOL yn nodi bod 'darparwyr yn helpu dysgwyr i ddeall drwy gynnwys y Gymraeg yn eu gwersi',[17] mae'r dystiolaeth a gesglir yn ystod yr ymchwil yn awgrymu mai peth arwynebol ac iddo werth symbolaidd yn unig yw'r Gymraeg ar y cyfan, heb gynllun penodol i hyfforddi tiwtoriaid ESOL a chanddynt y sgiliau a'r adnoddau i gynnwys y Gymraeg yn eu gwersi.

Dosbarth Dinasyddiaeth

Penderfynwyd peilota cwrs Cymraeg i fyfyrwyr ESOL ar sail y ddarpariaeth *francisation* yn Québec sydd yn cyflwyno mewnfudwyr i iaith a diwylliant Ffrengig Québec yno. Cyflwynwyd y dosbarth 'dinasyddiaeth' fel cwrs sydd yn cwmpasu elfennau o ddiwylliant a hanes Cymru yn ogystal â'r Gymraeg. Gwelwyd o'r cychwyn fod cyflwyno cyd-destun hanesyddol a diwylliannol Cymru yn rhan annatod o'r dosbarthiadau iaith ac roedd hyn yn amlwg yn codi diddordeb a brwdfrydedd y myfyrwyr. Peilotwyd y cwrs mewn dau ddosbarth ESOL yng Nghaerdydd, un yn rhan o gwrs ESOL dwys a'r llall yn rhan o gwrs ESOL rhan amser yn y gymuned. Yn achos y ddau gwrs, sylwyd mai prin oedd y wybodaeth oedd gan y myfyrwyr o gyd-destun diwylliannol a hanesyddol Prydeinig a Chymreig. Yn hyn o beth, roedd y gwersi'n ymdebygu i gwrs ymwybyddiaeth iaith â phwyslais ychwanegol ar gyfnewid profiadau blaenorol y mewnfudwyr. O ganlyniad, cefnogai'r tiwtor ESOL y syniad o hyrwyddo cwrs 'dinasyddiaeth' a hysbysebwyd y cwrs yn wreiddiol fel 'Cwrs Cymru, Cymraeg a'r byd'.

Wrth drafod y Gymraeg yng nghyswllt hanes Cymru, deuai profiadau ieithyddol y myfyrwyr yn aml i'r brig. Disgrifiai rhai myfyrwyr brofiadau o ormes ieithyddol ac roeddent yn awyddus i drafod hyn yn y dosbarth. Mewn rhai sefyllfaoedd, gwelwyd tebygrwydd rhwng y Gymraeg a'u hieithoedd brodorol hwy o safbwynt ideolegol. Eglurodd un fyfyrwraig ESOL o Algeria fod y Gymraeg yn ei hatgoffa o'i mamiaith, Berber, am ei bod yn iaith frodorol, hanesyddol sydd wedi derbyn cydnabyddiaeth wladwriaethol yn ystod y blynyddoedd diweddar. Am y rheswm hwnnw, esboniodd ei bod yn teimlo cysylltiad emosiynol â'r Gymraeg. Roedd cydymdeimlad ieithyddol y myfyrwyr yn amlwg, a nifer, megis myfyrwyr o Kurdistan, yn rhyfeddu at lwyddiant y Gymraeg i ennill statws swyddogol. Ymateb nifer yn y dosbarthiadau iaith oedd y dylai trigolion Cymru fod yn falch o'r statws sydd yn eiddo i'r Gymraeg erbyn heddiw. Trafodwyd profiadau amlieithog dyddiol y mewnfudwyr. Soniodd nifer eu bod nhw'n awyddus i gadw'u mamiaith fel iaith y cartref ond gan ragweld yr heriau sydd i hynny yn sgil cyn lleied o gefnogaeth addysgol. Ystyriwyd fy rôl felly fel cynghorydd ieithyddol yn ogystal â hwylusydd ieithyddol.

Wrth ddefnyddio dulliau ymchwil ethnograffeg, roedd pwyslais ar gymharu profiadau amlieithog blaenorol y mewnfudwyr. Roedd nifer yn gweld tebygrwydd rhwng sŵn y Gymraeg a'r Arabeg, er enghraifft. Roedd tebygrwydd o'r math hwn, yn caniatáu i'r iaith ymddangos yn llai estron ac felly'n fodd o adeiladu pontydd diwylliannol. Soniodd un Eidalwr am ei brofiadau o weld amlieithrwydd ar waith yn Bolzano, lle siaredir Almaeneg, Eidaleg a Ladineg. Soniodd yr Eidalwr ei fod wedi dysgu Almaeneg yno er mwyn gwella ei gyfleoedd gwaith. Yn yr un modd, holodd am gyrsiau Cymraeg busnes yng Nghaerdydd. Datgelodd ymatebion i'r dosbarthiadau hyn bod y mewnfudwyr yn barod i wneud lle i ieithoedd ychwanegol yn eu prosiect mewnfudo. Er bod addysgu drwy'r Gymraeg yn unig yn fater hanfodol i diwtoriaid Cymraeg i Oedolion, gwelwyd mewn rhai dosbarthiadau iaith fod cyfuno'r Saesneg, y Gymraeg ac ieithoedd eraill yn hybu'r awyrgylch dysgu. Yn wir, nid yw'r myfyrwyr yn ystyried bod defnyddio'r Gymraeg a'r Saesneg yn gymysglyd oherwydd bod hyn yn adlewyrchu realiti cymunedau amlieithog.

Nid diddordeb pur mewn dysgu ieithoedd oedd unig gymhelliant y dysgwyr (er bod hynny'n ffactor amlwg mewn nifer o achosion) ond teimlad bod angen y Gymraeg arnynt er mwyn integreiddio mewn ffordd fwy cyflawn, ynghyd â'r ymdeimlad fod ganddynt hawl ar yr iaith wrth ystyried bod eu plant yn dysgu Cymraeg yn yr ysgol. Roedd nifer yn gweld cyferbyniad neu wahaniaeth rhwng Lloegr â Chymru, a Llundain yn benodol, lle bu nifer ohonynt yn byw cyn ymgartrefu yng Nghymru. Yn hyn o beth, roeddent yn gwahaniaethu rhwng profiadau o fyw mewn dinas brysur aml-ethnig fel Llundain, gyda Chaerdydd, fel dinas dawel ac iddi draddodiad a hanes gwahanol. Dywedodd un myfyriwr o Kurdistan ar y cwrs ESOL dwys nad oedd yn deg cael un awr o Gymraeg yr wythnos yn unig o gymharu hynny ag ugain awr yr wythnos ar gyfer Saesneg. Honnai nad oedd yn syndod felly ei fod yn methu gwneud fawr o gynnydd yn yr iaith. Ymatebodd y tiwtor ESOL yn chwareus wrth ddweud ei fod yn cofio mwy o Gymraeg na Saesneg. Yn dilyn y cwrs dinasyddiaeth, cydnabu'r tiwtor ESOL fod ei barn wedi newid tuag at y syniad o fyfyrwyr ESOL yn dysgu Cymraeg:

> When we first came, I did think to myself, are they really going to go for this? Because I presumed, we have got enough troubles with English but they loved it but I agree I think they like knowing some basic things [. . .] I think they were great. They really enjoyed it – I wouldn't have expected them to respond as well as they did. But I think it's easy to make assumptions – 'they're not going to be interested'. But in fact, they were. They were more interested than a lot of English people might be. I think partly because they come from multilingual societies themselves and they kind of 'get that'. Do you know what I mean? [. . .] (Tiwtor ESOL, Caerdydd)

Roedd y dosbarthiadau 'dinasyddiaeth' hefyd wedi mynd i'r afael ag addysg dinasyddiaeth yn ogystal ag addysg iaith. Gwelwyd bod y mewnfudwyr yn brin eu gwybodaeth am hanes a diwylliant Cymru a'r Gymraeg. Erbyn diwedd y cwrs roedd y mewnfudwyr yn fwy hyddysg am Gymru a chanddynt sgiliau cyfathrebu sylfaenol yn y Gymraeg. Pryder rhai academyddion a swyddogion polisi yw bod canolbwyntio ar iaith a diwylliant 'lleol' ar draul iaith a diwylliant 'gwladwriaethol' Prydeinig yn gam gwag. Trafodwyd eisoes y pryder ymysg damcaniaethwyr megis Miller fod addysg aml-genedlaethol ym Mhrydain yn medru arwain at addysg fwy ethnig na sifig.[18] Noda Kiwan ymhellach nad yw addysg genedlaethol yng Nghymru o reidrwydd yn hybu dinasyddiaeth amlddiwylliannol.[19] Yng nghyd-destun Cymru, mynegodd eraill bryder ynghylch cyflwyno addysg gyda phwyslais cryf ar y diwylliant a'r iaith leol.[20] Serch hynny, awgryma canfyddiadau'r ymchwil fod y dosbarth dinasyddiaeth Gymreig wedi ysgogi awyrgylch cynhwysol yn ogystal â dealltwriaeth ryngddiwylliannol. Dadleuir bod hyn wedi digwydd ar sail amcanion dysgu cynhwysol sydd yn ymdebygu i gysyniad newydd o drawsieithu – *translanguaging*[21] – ond hefyd yn sgil datblygiadau naturiol yn yr ystafell ddosbarth wrth i'r myfyrwyr wneud nifer o gymariaethau rhwng eu hieithoedd hwy a'r Gymraeg. Roedd llwyfan i drafod y Gymraeg hefyd yn gyfle i'r unigolion drafod cwestiynau ynghylch ieithoedd eraill, megis magu plant yn eu mamieithoedd gwahanol. Yn wir, mae'r canlyniadau yn dangos bod nifer yn teimlo'n fwy cartrefol a sefydlog yn sgil dysgu Cymraeg. Dadleuir bod cyrsiau dinasyddiaeth Gymreig yn cynnig mwy o gyfleoedd i fewnfudwyr ddiffinio'u hunain fel dinasyddion newydd Cymru. Cytunaf felly â Kymlicka a May[22] fod gan fewnfudwyr yng Nghymru hawl i addysg dinasyddiaeth is-wladwriaethol a bod dosbarthiadau Cymraeg i fewnfudwyr yn cyfrannu at gysyniad mwy cyflawn o gydlyniant cymdeithasol yng Nghymru.

Prosiect Integreiddio

Gwelwyd yn sgil yr arsylwadau a chyfweliadau lled-strwythuredig fod dysgu'r Gymraeg ynghyd â'r Saesneg, yn rhan o 'brosiect' integreiddio ehangach y mewnfudwyr. Dywed Amireault a Lussier fod allfudo, boed o ddewis neu o dan orfodaeth, yn deillio o ddymuniad am newid (am resymau economaidd, teuluol neu ddiogelwch) a bod hyn yn creu dyhead am hunanddatblygiad ar lefel broffesiynol a phersonol.[23] Noda Ralalatiana *et al.* fod mewnfudo yn creu'r angen am gysylltiadau newydd wrth i'r unigolion ymgysylltu â'r 'arall' a cheisio creu pontydd.[24] O ganlyniad, bydd hunaniaeth yr unigolyn yn newid. Yn wahanol i fewnfudwyr Québec, lle roeddent wedi paratoi at ddysgu Ffrangeg cyn mewnfudo i'r dalaith, nid oedd y mewnfudwyr yn y dosbarth 'dinasyddiaeth' wedi ystyried dysgu Cymraeg cyn ymsefydlu yng Nghymru.[25] Gwelwyd mai'r prif reswm am hyn oedd diffyg gwybodaeth y myfyrwyr o fodolaeth y Gymraeg cyn ymsefydlu yng Nghymru. Nodwyd hefyd fod nifer wedi mewnfudo i Loegr yn gyntaf cyn dod i Gymru. Yn wir, noda canlyniadau'r Arolwg Teithwyr Rhyngwladol gan y Swyddfa Ystadegol Wladol mai dim ond 4% o fewnfudwyr i Brydain o dramor rhwng 2006 a 2015 a oedd wedi nodi Cymru fel eu cyrchfan terfynol.[26] Serch hynny, awgryma'r canfyddiadau fod y Gymraeg wedi datblygu fel rhan o brosiect y mewnfudwyr hyn, o ganlyniad i fewnfudo i Gymru ac wrth ymgysylltu â'r diwylliant newydd megis trwy sylwi ar arwyddion dwyieithog a dysgu am addysg Gymraeg.

Er gwaethaf amrywiaeth cefndiroedd yr unigolion a sefyllfaoedd teuluol a gyrfaol gwahanol, noda Vatz-Laaroussi a Ralalatiana fod cymhelliant mewnfudwyr i ddyfalbarhau yn chwarae rôl bwysig yn y dosbarthiadau *francisation* yn Québec.[27] Oherwydd hynny, mae cyfrifoldeb ar y tiwtor Ffrangeg i gyfleu gwerth integreiddiol ac economaidd yr iaith ac mae cyflwyno'r cyd-destun hanesyddol a gwleidyddol yn rhan annatod o hyn. Ynghyd â syniadau blaenllaw Bruner am swyddogaeth yr addysgwr yn hwyluso profiad addysgol yr unigolyn[28], ystyriwyd bod fy rôl i fel tiwtor yn achos y dosbarthiadau 'dinasyddiaeth' Gymreig yn ganolog i'r dosbarth a'r fenter ac yn ehangach na rôl y tiwtor iaith. Yn unol â phrofiadau tiwtoriaid iaith Québec, roedd fy swyddogaeth, ar y naill law, yn ymdebygu i hwylusydd 'integreiddio' drwy addysgu gwybodaeth gefndirol am y Gymraeg, am Gymru yn ogystal ag ymateb i ymholiadau ieithyddol personol yr unigolion. Dadleuir felly fod y mewnbwn diwylliannol yn bwysig er mwyn i fewnfudwyr ddeall cyd-destun sosiowleidyddol y Gymraeg ac ar gyfer eu cymhelliant i ddyfalbarhau â'r Gymraeg fel y gwelwyd ymysg mewnfudwyr yn dysgu Ffrangeg ym Montréal. Yn ôl Wenger:

> Teachers need to 'represent' their communities of practice in educational settings. This type of lived authenticity brings into the subject matter the concerns, sense of purpose, identification, and emotion of participation.[29]

Er bod swyddogion Llywodraeth Cymru yn honni y byddai rhaid i fewnfudwyr sydd am ddysgu Cymraeg feithrin sgiliau Saesneg, datgelodd yr ymchwil weithredu gyda'r dosbarth ESOL dwys nad oedd hynny o reidrwydd yn wir. Er nad oedd y dulliau dysgu cyfredol yn gwbl addas i fyfyrwyr gyda chyn lleied neu fawr ddim Saesneg, llwyddodd y myfyrwyr i feithrin sgiliau yn y Gymraeg a'u defnyddio yn gyhoeddus. Enghraifft o hyn yw ymateb y tiwtor i ymweliad y grŵp ESOL â Sain Ffagan:

> You remember when they went to St. Fagan's, that was really funny, that really changed them. The students must have realised that they could speak English as well but they were 'I've got to do it in Welsh' and they really went for it, they really did! (Tiwtor ESOL (cwrs ESOL dwys))

Yn hyn o beth, mae cysyniadau ôl-strwythurol newydd o *trans-languaging*, sydd yn ystyried iaith fel proses yn hytrach nag iaith fel system, yn debycach i realiti sefyllfa'r dosbarth dinasyddiaeth Gymreig. Fel y dywed Garcia a Wei:

> [. . .] translanguaging refers to new language practices that make visible the complexity of language exchanges among people with different histories, and releases histories and understandings that had been buried within fixed language identities constrained by nation-states.[30]

Honna Garcia a Wei fod y dull yn caniatáu i fathau newydd o ddealltwriaeth a hunaniaethau gael eu creu rhwng grwpiau ieithyddol.[31] Mae'r dull addysgol aml-gyfeiriadol hwn yn codi cwestiynau dyrys am ddulliau a phrosesau o gyfryngu iaith a diwylliant i fewnfudwyr drwy'r Gymraeg a'r Saesneg yn ogystal â'u plethu i brofiadau ac ieithoedd y mewnfudwyr. Yr hyn a welwyd yn y dosbarth dinasyddiaeth oedd rôl bwysig yr ystafell ddosbarth neu'r 'gymuned ymarfer', a bod y dosbarth, yn ogystal â'r gymuned,[32] yn gallu bod yn fan integreiddio a thrawsnewid. Honna Wenger fod profiadau blaenorol oedolion wedi'u gwreiddio mewn cyd-destunau gwahanol ac felly bod dysgu iaith newydd yn broses o negodi ystyr a chymodi gwrthdrawiadau. Y prosesau hyn sydd yn galluogi unigolion i berchenogi, ailddehongli ystyr a chyfranogi:

> [. . .] newcomers also provide new models for different ways of participating. Whether adopted, modified or rejected in specific instances, paradigmatic trajectories provide live material for negotiating and renegotiating identities.'[33]

Esboniwyd eisoes fod ymchwil pedagogaidd Vygotsky a Bruner yn rhoi pwyslais ar sicrhau statws i'r myfyrwyr megis actorion neu randdeiliaid yn eu prosiectau dysgu iaith, a'r modd y mae rôl y tiwtor hefyd yn trawsnewid yn sgil hynny.[34] Gwelwyd hefyd sut y mae prosesau trawsnewidiol mewnfudo a phriodoli iaith newydd yn cyfrannu at dorri ffiniau ethnoddiwylliannol iaith i lawr ac yn cyfrannu at ailddiffinio cysyniadau o Gymreictod ar hyd trywydd mwy cynhwysol ac amlddiwylliannol.

Er bod gallu'r mewnfudwyr i ymbweru drwy gyfrwng eu profiadau addysgol yn gysyniad grymus, rhaid nodi bod cyfyngiadau amlwg i'r cysyniadau hyn. Mae'r syniad o berchenogaeth ac ymlyniadau at iaith yn ddibynnol ar sicrhau mynediad a chaniatáu cyfranogaeth barhaol:

> While newcomers are forging their own identities, they do not necessarily want to emphasize discontinuity more than continuity. They must find a place in relation to the past. In order to participate, they must gain access – vicarious as it may be – to the history they want to contribute to; they must make it part of their own identites.[35]

Tynnwyd sylw at yr her o ddarganfod ffyrdd i gyfranogi yn y Gymraeg y tu allan i'r dosbarth mewn cymuned leiafrifol ei hiaith.[36] Yn hyn o beth, rhwystr yr arsylwadau cyfranogol ac ymchwil weithredu oedd y ffaith nad oeddwn yn gallu dilyn myfyrwyr ar hyd cyfnod hwy o flwyddyn nac am fwy na dwy awr gyswllt yr wythnos er mwyn arsylwi gallu'r mewnfudwyr i integreiddio'n gymdeithasol yn ystod y cyfnod. Rhwystr llawer mwy elfennol yw parhad y dosbarth 'dinasyddiaeth' Gymreig. Nodir mai menter unigol ydoedd, yn cynnig mynediad rhad ac am ddim i fewnfudwyr y tu mewn i sefydliad addysgol. Mae dilyniant addysgol a chymunedol i'r mewnfudwyr yn ganolog i barhad eu 'taith iaith'. Gwelir yn enghraifft Québec fod y rhaglen *francisation* yn caniatáu mynediad cyson i gyrsiau dwys neu ran amser ar hyd y lefelau addysgol. Yr her i'r myfyrwyr *francisation* yw pontio â'r gymuned québécois.[37] Mae'r dosbarthiadau 'dinasyddiaeth' Gymreig wedi'u modelu i raddau ar egwyddor y dosbarth *francisation*, ond cwestiynir i ba raddau y gall menter o'r fath barhau a lledaenu heb gynlluniau a fframwaith pendant wedi eu hysgogi, eu cefnogi a'u hariannu gan sefydliadau addysgol, cynghorau lleol a Llywodraeth Cymru.

Perchenogi Iaith

Un peth sydd yn dod i'r amlwg wrth wneud ymchwil ansoddol yw'r gwahaniaethau rhwng profiadau unigolion â'i gilydd. Mae hyn yn neilltuol amlwg wrth ystyried diwylliannau amrywiol y mewnfudwyr ynghyd â'u teithiau gwahanol i Gymru o'u mamwledydd. Yn hyn o beth, ystyrir bod unrhyw gymariaethau yn eu hymagweddau a'u profiadau yn haeddu sylw. Un o'r cymariaethau hyn oedd hyder yr unigolion i fentro defnyddio'r iaith mewn amryw o sefyllfaoedd. Gwrthgyferbynna hyn ag ymchwil Newcombe ar ddysgwyr Cymraeg o Brydain sydd yn nodi mai hyder yw eu prif rwystr rhag defnyddio'r Gymraeg.[38] Er gwaethaf brwdfrydedd yr unigolion i ddysgu Cymraeg, datgela'r unigolion eu hunain eu bod yn dod ar draws safbwyntiau negyddol tuag at y Gymraeg a rhai o'r rhain wedi'u cyfeirio at eu hymdrechion hwy wrth ddysgu'r iaith:

> A few people I know – they look at me like – what's the idea? Why have you done that? It's not. I'm not sure what they are thinking. It's different. They're not used to seeing this, especially an ethnic minority learning the language. It's a reaction – I'm not sure – it's like you speak Welsh – OK! (Myfyriwr CiO, Caerdydd)

Gwelwyd hyn hefyd yn achos mewnfudwyr yn dysgu'r Wyddeleg yn Iwerddon, wrth i aelodau o'r gymuned groeso ddirmygu neu chwerthin am ben eu hymdrechion i ddysgu'r iaith.[39]

Serch hynny, datganodd nifer o'r myfyrwyr yng Nghymru eu bod yn defnyddio eu safle hwy fel unigolion o'r 'tu allan' er mwyn cymell ac ysgogi eraill i ddysgu Cymraeg:

> They feel a bit ashamed. For me, English is my third language. And I start to learn Welsh. Even the lady said [. . .] 'we have to be ashamed' [. . .] 'you have a lot of children, it's not your first language and you still want to try to learn!' [. . .] my point of view is not like them. I encourage them [. . .] with one or two children. Why not do that? They are living all life here. (Myfyriwr Dosbarth 'Dinasyddiaeth', Caerdydd)

Yn wir, gwelwyd nad yw mewnfudwyr yn ddiduedd neu yn 'neutral bystanders' i gyd-destun sosioieithyddol a gwleidyddol eu cartref newydd.[40] Dengys y canfyddiadau bod y mewnfudwyr yn dirnad ac yn herio materion ynghylch yr iaith, sydd yn effeithio arnynt fel unigolion ac ar eraill yn y gymdeithas. Datgelwyd ymhellach nad ymatebion negyddol siaradwyr di-Gymraeg neu ddiffyg cyfleoedd i ymarfer yw'r unig rwystrau cymdeithasol. I nifer o fyfyrwyr y Gogledd a Chaerdydd, y siaradwyr Cymraeg oedd y rhwystr ar hyd eu llwybr ieithyddol hwy yn sgil y ffaith nad oeddent o reidrwydd yn barod iawn i helpu myfyrwyr ar eu taith iaith:

> Ma' pawb isio fi ddysgu Cymraeg ond does 'na neb isio bod yr athro. Ma pawb yn gefnogol iawn i fi ddysgu Cymraeg ond does neb isio helpu. Ar ôl y geiriau Cymraeg cyntaf ma pawb yn troi i'r Saesneg. (Myfyriwr CiO, Gwynedd)

Yn ôl swyddog Cyngor Gwynedd, eironi'r siaradwyr Cymraeg yw eu bod nhw'n croesawu dysgwyr newydd yr iaith ond nid ydynt yn fodlon chwarae eu rhan drwy eu helpu nhw i ddysgu'r iaith:

> Os ydy rhywun yn dweud [. . .] 'dw i'n dysgu Cymraeg', argoel fawr, 'dyn ni mor ddiolchgar ond 'dyn ni ddim yn cadw ochr ni o'r

> fargen – dyn ni'n troi at y Saesneg. Dw i yn meddwl bod hynny yn wir am unrhyw ddysgwr o le bynnag maen nhw wedi dod 'de. Faswn i ddim isho dweud am un eiliad bod cymunedau Cymraeg yn y Gogledd – na, na, na 'dyn ni ddim yn hiliol – wel mae'n siŵr iawn bod esiamplau o hynna ag o densiwn. Ond wedi dweud hynna, be wyt ti'n clywed lot fawr ydy – ac wrth gwrs mae hyn yn hiliol yn ei hun – 'duwcs na, maen nhw'n fwy bodlon i ddysgu Saesneg a Chymraeg na'r rhan fwyaf o Saeson.' Dyna ydy o. Dw i ddim yn dweud ei fod o'n iawn – jest dyna beth ydy o. (Swyddog Cyngor Gwynedd)

Er gwaethaf yr honiad bod mewnfudwyr o'r tu allan i Brydain yn fwy parod i ddysgu Cymraeg na mewnfudwyr o Loegr, honna'r swyddog ar ran Cyngor Gwynedd nad oes fawr o wahaniaeth mewn ymarferion nifer o aelodau'r gymuned Gymraeg eu hiaith tuag at siaradwyr newydd y Gymraeg. Gwelwyd mai problem gyffredinol yw hon, nid ar gyfer mewnfudwyr yn benodol ond ar gyfer holl siaradwyr newydd y Gymraeg:

> Cael mewnfudwyr yn rhan o gymuned. Mae'n broblem mwy na jest i fewnfudwyr. 'Dan ni'n ffeindio bod ein dysgwyr ni yn gyffredinol – mae'n job fawr. Fedri di ddysgu nhw, fedri di roi'r cyfle i ni fynd allan a chlywed y Gymraeg ond mae 'na broblem fawr yn bodoli lle tydi pobl sy'n siarad Cymraeg ddim yn barod i siarad Cymraeg efo dysgwyr. Ond os ydy rhywun yn dod o'r tu allan i Brydain, maen nhw'n edrych yn wahanol i ddechrau. Fel o't ti'n dweud efo'r hogyn o Tsieina yn Llanberis, tydi rhywun ddim yn disgwyl ei fod yn siarad Cymraeg. (Tiwtor CiO, Grŵp Ffocws Gwynedd)

Ymddengys mai her benodol i fewnfudwyr yw'r ffaith nad yw'r gymdeithas yn disgwyl iddynt siarad Cymraeg, ond hefyd am nad yw siaradwyr Cymraeg yn gwybod ar ba lefel y mae'r dysgwyr. Byddai modd i ganfyddiadau o'r fath fwydo'r disgwrs academaidd sydd yn honni nad yw perthynas y Gymru â'r 'arall' mor oddefgar ag y credir a bod ethnoganolrwydd y Gymraeg yn cau lleiafrifoedd ethnig allan o Gymreictod.[41] Yn ôl ymchwil Threadgold et al.[42] a Scourfield a Davies, mae goblygiadau niweidiol i Gymreictod sydd wedi'i seilio ar genedlaetholdeb ac iaith ar sail y ffaith ganlynol: 'minority ethnic people are less likely to be Welsh speakers, and the reluctance of minority children to claim Welshness [. . .] There is material here to argue a pessimistic case about Welsh identity as narrow, exclusive and still tending to whiteness.'[43] Nid yw canfyddiadau'r ymchwil hwn, serch hynny, yn pwyntio tuag at gulni'r Gymraeg a Chymreictod, ond yr angen i ddatblygu cyfleoedd newydd i feithrin cysylltiadau ystyrlon ac ymarfer 'lletygarwch ieithyddol'.[44] Er gwaethaf beirniadaeth Charlotte Williams o allu'r gymuned Gymraeg i fod yn allblyg a hybu amlddiwylliannedd, cydnebydd fod prinder ymchwil ar ymagweddau mewnfudwyr at y Gymraeg a'r ffordd y maent yn priodoli hunaniaeth ethnig iaith.[45]

Y mae'r ymchwil felly yn mynd i'r afael â'r gwagle hwn wrth graffu ar berthynas rhwng mewnfudwyr, ethnigrwydd ac iaith, yn ogystal â herio safbwyntiau ar ethnoganolrwydd y Gymraeg. Yn ôl un mewnfudwr, esbonia fod dysgu iaith a pherchnogi ethnigrwydd yn ddau beth gwahanol:

> I'll do my best but I can't pretend to compare myself with a Welsh person who is born here and lived here for a generation or even an Indian person who is born here. If that person doesn't like education, then I will overtake and know more Welsh language. Of course, I can say 'I am better than you' but inside he is more Welsh than me. You can be a citizen, but I'm talking about feelings. (Myfyriwr ESOL, Caerdydd)

Gwelir bod gwahaniaeth rhwng y dymuniad i feithrin hunaniaeth y 'Gymraeg' a'r dymuniad i ddod yn 'ddinesydd' Cymreig. Awgryma'r dyfyniad fod dysgu iaith yn rhan o brosiect dinasyddiaeth mewnfudwr ond nid yw'n dymuno perchnogi hunaniaeth ethnoddiwylliannol yr iaith. Serch hynny, nid yw hynny'n golygu nad yw'r mewnfudwyr yn gallu bod yn rhan o'r gymuned neu'n gallu ymlynu wrth Gymru a'r Gymraeg:

> Na dw i ddim yn meddwl bydda'i byth [yn Gymraes] rhwng y bobl leol. Ma pawb yn glên ac mae pawb yn gyfeillgar [. . .] mewn ffordd dw i'n rhan o'r gymuned ond *acquaintance* ydw i fwy na'i ffrind nhw. Ond na mae'n *champion*, ond ma pawb yn siarad Cymraeg efo

> fi, y Cymry Cymraeg [. . .] dim ond yr un ddynes. Na dw i'n hapus iawn. (Myfyriwr CiO, Gwynedd)

Mae'r dyfyniadau yn dangos nad yw mewnfudwyr o reidrwydd yn dymuno efelychu aelodaeth y siaradwr mamiaith fel y mae eraill wedi'i honni.[46] Gwelir uchod fod y fewnfudwraig yn fodlon â'i statws fel 'acquaintance' y gymuned. Yr hyn sydd yn bwysig iddi yw bod aelodau'r gymuned yn cyfathrebu â hi yn Gymraeg. Yn y dyfyniad isod, cyfeiria'r mewnfudwr ato'i hun fel 'dutchman', er gwaethaf dysgu'r iaith a chofleidio'r diwylliant Cymraeg:

> Mae pawb yn groesawus iawn beth bynnag ond ar ôl i chdi ddechrau dysgu'r iaith ti'n cael dy dderbyn mwy – ti rhan ohonyn nhw. O'r blaen, ti'n cael lle a ti'n cael dy dderbyn mewn ffordd ond ti ddim yn rhan o'r gymuned ond ar ôl dechrau dysgu'r iaith, hyd yn oed os ti 'mond yn dechrau â dangos diddordeb, ti'n dechrau bod yn rhan o [. . .] ac wedyn ti'n dal yn nodi allan 'dutchman dw i'. Ond ma 'na bobl 'di bod yn dweud yn y blynyddoedd dwetha 'o ti'n Gymro go iawn erbyn hyn'. Mae'n cymryd blynyddoedd, dydy. Ond yr iaith ydy'r peth pwysica' yn hwnna wrth gwrs. Os fydden i ddim di dysgu'r iaith fasa neb di deud hwnna. (Myfyriwr CiO, Gwynedd)

Diddorol yw gweld yn yr enghraifft hon mai aelodau'r gymuned sydd yn ei alw'n 'Gymro'. Yn hynny o beth, dadleua Brooks fod y term 'Cymro' yn air cynhwysol ac yn cyfeirio'n bennaf at ddiffiniad ieithyddol yn hytrach na'r diffiniad ethnig sydd yn perthyn i'r gair cyfatebol 'Welsh' yn Saesneg.[47] Efelycha hyn syniadau Heller sydd yn honni bod mewnfudwyr yn perchnogi'r iaith fel adnodd yn hytrach na pherchenogi hunaniaeth ethnig yr iaith.[48] Awgrymir bod hyn yn cyd-fynd ag ymchwil Lamarre sydd yn nodi bod mewnfudwyr i Fontréal yn perchnogi iaith fel adnodd neu 'gyfalaf' ac yn ei defnyddio er mwyn symud *rhwng* cymunedau yn hytrach nag integreiddio i un gymuned ieithyddol yn unig.[49] Mae integreiddio i'r gymuned yn parhau i fod yn her benodol i siaradwr Cymraeg newydd, boed yn fewnfudwr neu'n un enedigol o'r wlad. Serch hynny, mae'r ymchwil yn awgrymu bod y mewnfudwyr hynny sydd â mynediad i ddysgu Cymraeg yn perchnogi'r iaith drwy ei dysgu a'i defnyddio. O ganlyniad, gwelant yr iaith fel rhinwedd yn hytrach na gweld iaith fel hunaniaeth *per se*. Mae siaradwyr newydd y Gymraeg o gefndiroedd amlethnig felly yn herio daliadau am ethnoganolrwydd y Gymraeg, ac yn ehangu ar yr hyn a olyga perchnogi iaith heb hunaniaeth, gan ailddiffinio Cymreictod. Mae hyn yn cyd-fynd â dadleuon Brubaker ynghylch cyfyngiadau rhannu'r sifig a'r ethnig drwy ddangos nad yw'r categorïau o ddefnydd i fewnfudwyr amlieithog mewn cyd-destun iaith leiafrifol.[50] Nid yw'n golygu nad yw'r rhaniadau'n bodoli neu nad yw'r mewnfudwyr yn ymwybodol o'r ffiniau ethno-ddiwylliannol, ond bod mewnfudwyr, drwy ddysgu Cymraeg, yn gallu goresgyn neu dorri ffiniau ieithyddol.

Darpariaeth Gynhwysol

Dengys canfyddiadau'r ymchwil fod carfan o fewnfudwyr i Gymru yn ogystal â thiwtoriaid iaith CiO ac ESOL yn dymuno gweld darpariaeth ychwanegol i fewnfudwyr er mwyn eu cefnogi i ddysgu'r Gymraeg yn ogystal â'r Saesneg. Gwelwyd hefyd fod dymuniadau mewnfudwyr i ddysgu Cymraeg ynghlwm wrth ewyllys i gyfranogi'n llawnach yn y gymdeithas yng Nghymru. Gyda golwg ar y canlyniadau ymchwil, cynigir bod datblygiadau o'r fath yn golygu sefydlu darpariaeth benodol. Mae hyn yn gofyn i berson feddwl yn wahanol – *penser autrement* yn ôl Foucault.[51] Gellid plethu hyn â syniad Pennycook am *preferred futures*[52] a seiliwyd ar eiriau Kearney ynghylch 'the ethical demand to imagine otherwise.'[53] Ond nid oes rhaid edrych y tu hwnt i'r ymchwil hwn i weld darpariaeth iaith lwyddiannus ar waith. Er bod rhai diffygion i broses integreiddio mewnfudwyr yn Québec, gwelwyd wrth gyflwyno canlyniadau'r ymchwil fod y ddarpariaeth *francisation* yn seiliedig ar fynediad cyfartal at addysg a chydlyniant cymdeithasol.[54] Yn agosach at sefyllfa ieithyddol Cymru, mae darpariaeth arbennig wedi'i sefydlu i fewnfudwyr yng Ngwlad y Basg o'r enw AISA. Ystyrir bod gwersi Basgeg i fewnfudwyr yn bwysig yn sgil anghenion cymdeithasol ac ieithyddol gwahanol o'u cymharu â dysgwyr Basgeg brodorol.[55] Ymhellach, gyda'r Gatalaneg yng Nghatalwnia, yr Almaeneg yn Ne Tyrol a'r Swedeg yn yr Ynysoedd Åland, gwelwyd ymdrechion penodol i greu darpariaeth ieithyddol i fewnfudwyr.[56] Yn wir, mae cymhellion y llywodraethau is-wladwriaethol hyn ynghlwm wrth agenda wleidyddol i osod yr iaith frodorol neu leiafrifol yn y blwch sifig. Yn ôl Brooks, mae Cymru'n parhau i gadw'r Gymraeg yn y blwch ethnig.[57]

Dengys yr ymchwil fod ymagweddau ac ideolegau swyddogion Llywodraeth Cymru a'r Cynghorau Lleol, yn ogystal â rhai o'r tiwtoriaid iaith, yn anfodlon ystyried cynnig darpariaeth y tu hwnt i strategaeth integreiddio unieithog Saesneg. Gwelwyd bod y rhwystrau rhag cyflwyno'r Gymraeg mewn strategaeth integreiddio yng Nghymru ynghlwm wrth ymagweddau gwladwriaethol ynghylch iaith ac integreiddio. Dangoswyd hefyd fod aelodau'r cymunedau croeso Cymraeg a Saesneg eu hiaith yn llesteirio ymdrechion mewnfudwyr i ddysgu'r Gymraeg, yn rhannol oherwydd ideolegau hegemonaidd a phroses o annilysu siaradwyr newydd y Gymraeg.[58] Cânt hefyd eu heithrio ar adegau o gymunedau ymarfer.[59] Gwelwyd hefyd fod diffygion yn nulliau dysgu Cymraeg ar gyfer mewnfudwyr, ond caiff hyn ei osod o'r neilltu ar hyn o bryd oherwydd y flaenoriaeth i sicrhau bod brodorion Cymru yn dysgu Cymraeg. Nodir felly fod diffyg darpariaeth bresennol i fewnfudwyr yn y Gymraeg yn ffactor sydd yn nacáu cydlyniant cymdeithasol llawnach.

Eto i gyd, mae'r ymchwil wedi dangos bod modd meddwl yn wahanol a hefyd gweithredu'n wahanol. Roedd y 'dosbarth dinasyddiaeth' yn gam cychwynnol at hyrwyddo cydlyniant cymunedol yng Nghymru drwy gynnig y canlynol: mynediad at y Gymraeg fel y Saesneg a'r gallu i ddatblygu medrau yn y Gymraeg. Roedd y dosbarth 'dinasyddiaeth' hefyd wedi cynyddu ymwybyddiaeth a dealltwriaeth mewnfudwyr a thiwtoriaid o'r Gymraeg a diwylliant a hanes Cymru yn ogystal â mynd i'r afael â nifer o ragfarnau, ystrydebau am Gymru a'r Gymraeg ymhlith mewnfudwyr a thiwtoriaid ESOL a CiO fel ei gilydd. Yn hyn o beth, nid ar gymathu ac ymaddasu yr oedd y pwyslais, ond ar gyfathrebu a thrawsnewid drwy ddefnyddio dulliau dysgu rhyngddiwylliannol a thrawsieithu (*translanguaging*), yn ôl Garcia a Wei.[60] Rhydd hyn gyfle i'r myfyrwyr drafod eu bywgraffiadau gan gynnwys eu cefndiroedd mewnfudol ac ieithyddol amrywiol.[61] Gellid disgrifio'r prosiect peilot i gyflwyno dosbarthiadau 'dinasyddiaeth' i fewnfudwyr fel ymyrraeth polisi, yng ngeiriau McCarty, ac ynddo'r gallu i gynhyrchu gofodau newydd a chyfleoedd ideolegol a gweithredol i fewnfudwyr berchnogi iaith megis cyfalaf cymdeithasol ac economaidd.[62] Roedd y dulliau ethnograffeg yn datgelu sut yr oedd y myfyrwyr yn gallu bod yn rhanddeiliaid yn eu prosesau dysgu. Ond er gwaethaf cyfleoedd i herio hegemoni ar lawr gwlad, nid ymddengys fod y cydbwysedd pŵer yn nwylo'r mewnfudwyr na'r addysgwyr. Nid yw mentrau i gynnig cyrsiau blasu yn y Gymraeg o reidrwydd yn troi'n gyfleoedd parhaol, na medrau yn y Gymraeg am fod y wladwriaeth ei hun yn gyfrifol am rannu'r cronfeydd ariannol.[63] Heb bolisi nac ewyllys i'w weithredu, eithriad yn hytrach nag egin yw'r fenter hon.

Serch hynny, rhaid cydnabod datblygiadau sydd eisoes wedi bod ar waith o ganlyniad i fentrau lleol yn cynnig cyfleoedd i fewnfudwyr gael blas ar y Gymraeg. Y mwyaf nodedig o'r rhain yw cynllun arloesol Dysgu Cymraeg Caerdydd i benodi unigolyn i ddysgu Cymraeg i ffoaduriaid a cheiswyr lloches mewn elusennau a thai bwyta lleol yng Nghaerdydd yn ogystal â chreu cwrs Blasu penodol ar eu cyfer.[64] Mae'r Groes Goch yng Nghymru hefyd yn weithgar yn hyrwyddo'r Gymraeg drwy gynnig cyrsiau blasu Cymraeg i fenywod o gefndiroedd mewnfudol yn arbennig. Cynigiwyd cyrsiau Cymraeg am ddim yn Wrecsam i'r gymuned Bortiwgalaidd yno. Hefyd, yn sgil y Cynllun Adsefydlu Ffoaduriaid o Syria, ceir enghreifftiau o ffoaduriaid yn derbyn anogaeth i ddysgu Cymraeg. Y mae'r Ganolfan Dysgu Cymraeg Genedlaethol yn weithgar yn datblygu cyfleoedd i fewnfudwyr ddysgu Cymraeg ac yn cynnal sesiynau ymwybyddiaeth iaith i diwtoriaid ESOL ar draws Cymru. Er bod y mentrau hyn oll yn gymeradwy ac yn gam cadarnhaol, maent yn ddibynnol ar ymdrechion rhai unigolion penodol. Rhaid cwestiynu gallu'r mentrau hyn i ddatblygu'n gyfleoedd addysgol a chymdeithasol parhaol heb strategaeth na chefnogaeth bellach. Er bod y sylw cyhoeddus diweddar wedi bod ar ffoaduriaid a cheiswyr lloches, awgrymir y dylid ystyried carfannau ehangach o fewnfudwyr yn y ddarpariaeth er mwyn cynnwys mewnfudwyr economaidd o'r tu mewn neu'r tu allan i'r Undeb Ewropeaidd.

Argymhellir felly efelychu darpariaeth Gymraeg i fewnfudwyr ar ffurf dosbarth 'dinasyddiaeth', yn ychwanegol at ddarpariaeth gyfredol CiO ac ESOL. Yn unol â phwyslais Vygotsky a Bruner ar yr angen i sgaffaldio cynlluniau addysgol ar y cyd, pwysleisir bod cydweithrediad rhwng y darpariaethau hyn yn hanfodol, gan gynnwys yr angen i rannu adnoddau ac arfer dda.[65] Casglodd DEMOS fod angen cefnu ar y model 'diffygiol' – *the deficit model* – ym myd ESOL er mwyn pwysleisio model sydd yn 'datguddio' medrau mewnfudwyr er budd iechyd, economi a chydlyniant yn Lloegr.[66] Yn yr un modd, ymddengys mai cyfeiriad cynhwysol a chadarnhaol o'r math hwn sydd ei angen wrth ystyried darpariaeth Gymraeg i fewnfudwyr, boed yn fudwr, mewnfudwr, ffoadur neu geisiwr lloches. Ystyrir felly y dylid adeiladu ar y seiliau sydd eisoes yn bod. Un o'r posibiliadau hyn yw datblygu cyrsiau Cymraeg o fewn cwricwlwm presennol ESOL yng Nghymru. Gan fod polisi ESOL Llywodraeth Cymru yn pwysleisio pwysigrwydd cyd-destunoli ESOL o fewn Cymru, gellid cynnwys cyrsiau Cymraeg rheolaidd fel rhan o'r cwricwlwm. Gan fod y cyswllt swyddogol rhwng dinasyddiaeth Brydeinig a chymwysterau wedi'i ddiddymu erbyn hyn, mae mwy o hyblygrwydd o fewn cwricwlwm ESOL i allu bod yn fwy creadigol a chyd-destunol.[67] Serch hynny, awgrymir mai buddiol fyddai cwrs dinasyddiaeth y tu allan i'r cwricwlwm, mewn cydweithrediad â'r Ganolfan Dysgu Cymraeg Genedlaethol. Ar sail datblygiadau yn Québec, awgryma'r ymchwil y byddai cyrsiau wedi'u lleoli yn y gweithle yn ffordd o ddatblygu arloesedd a medrau ynghyd â hybu amlieithrwydd er budd yr economi. Mae'r prosiect COMBI yn enghraifft o gydweithrediad Ewropeaidd sydd yn codi ymwybyddiaeth tiwtoriaid a swyddogion polisi o anghenion ieithyddol mewnfudwyr sydd yn gweithio, neu'n dymuno gweithio, ym maes gofal iechyd a chymdeithasol, a lle mae'r iaith leiafrifol (e.e y Gymraeg, y Fasgeg, y Ffriseg) yn ddymunol neu'n angenrheidiol i gyflawni eu dyletswyddau.[68]

Datgela ymchwil Mac Giolla Chriost *et al.* fod cymhelliant yn un o'r ffactorau pwysicaf sydd yn cyfrannu at lwyddiant myfyrwyr Cymraeg i Oedolion.[69] Ymhellach, mae'r ymchwil hwn yn awgrymu bod swyddogaeth tiwtoriaid iaith yn ganolog i frwdfrydedd a chymhelliant myfyrwyr. Yn Québec, gwelwyd ymatebion cadarnhaol i'r broses integreiddio yn rhannol yn sgil mewnbwn y tiwtoriaid. Gwelwyd hefyd sut yr oedd ymatebion negyddol ac anwybodaeth tiwtoriaid ESOL yn effeithio ar ymwybyddiaeth y myfyrwyr am y Gymraeg. Argymhellir cynnig hyfforddiant ar ymwybyddiaeth y Gymraeg i diwtoriaid ESOL ar sail cyrsiau ymwybyddiaeth y Gymraeg neu yn ôl cynlluniau tebyg i'r cynllun sabothol i athrawon cyfrwng Saesneg. Yn yr un modd, awgrymir y dylid creu cyfleoedd i drafod cefndiroedd mewnfudol ac ieithoedd mewnfudwyr ynghyd â hybu trawsieithu. Yn hyn o beth, cefnoga'r ymchwil yr angen am gyrsiau hyfforddiant dysgu Cymraeg i fewnfudwyr i diwtoriaid Cymraeg i Oedolion gan gynnwys addysg ryngddiwylliannol a thrawsieithu. Yn ychwanegol at hyn, sylweddolwyd yr angen i sgaffaldio cyrsiau 'dinasyddiaeth' penodol i fewnfudwyr ar gyfer CiO gan gynnwys y defnydd o ddeunydd a dulliau dysgu nad ydynt yn ddibynnol ar gyfieithu i'r Saesneg a chynnwys mewnbwn diwylliannol am Gymru, diwylliant y Gymraeg a Phrydain drwy gyfrwng y Saesneg (neu ieithoedd eraill) fel rhan annatod o'r cwrs.

Mae'r ymchwil hwn wedi cadarnhau bod integreiddio yn golygu llawer mwy na dysgu iaith mewn ystafell ddosbarth. Gall ysgolion cyfrwng Cymraeg a Saesneg fod yn beuoedd integreiddio drwy gynnig canolbwynt i fentrau addysgol a chymunedol rhwng mewnfudwyr a'r gymuned ehangach. Mae'r canfyddiadau'n cyd-fynd ag ymchwil Gruffudd a Morris ar greu a Chymreigio peuoedd er mwyn ymarfer y Gymraeg yn y gymuned.[70] Mae canfyddiadau'r ymchwil yn awgrymu bod y sefydliad addysg gymunedol yn un o'r peuoedd pwysicaf i'w ddatblygu. Datgela ymchwil doethuriaeth Edwards[71] bwysigrwydd sefydlu cyd-berthynas mewn polisi ar gyfer y teulu a'r gymuned. Un o ganfyddiadau'r ymchwil oedd y diffyg gwybodaeth ymysg mewnfudwyr am addysg Gymraeg. Er gwaethaf rhai ymdrechion i hyrwyddo addysg Gymraeg ymysg cymunedau ethnig sefydlog, er enghraifft, Ysgol Gymraeg Hamadryad yn Nhre-biwt, Caerdydd, ni fuddsoddir cymaint ar gyfer hyrwyddo addysg Gymraeg ymhlith mewnfudwyr newydd i Gymru. Heb wybodaeth nac anogaeth i ddewis addysg Gymraeg, addysg Saesneg yw penderfyniad *de facto* mewnfudwyr. Datgela ymchwil Morrow, serch hynny, fod ymagweddau disgyblion mewn ysgolion cyfrwng Saesneg yn arddangos bod gan fewnfudwyr (a phlant mewnfudwyr) ymagweddau cadarnhaol at ddysgu Cymraeg.[72] Heblaw am y canolfannau trochi iaith yng Ngwynedd, cwestiwn arall yw gallu ysgolion Cymraeg i roi'r gefnogaeth ieithyddol angenrheidiol i blant mewnfudwyr nad yw'r Gymraeg na'r Saesneg yn famiaith iddynt. Awgryma ymchwil Jones a Bhatt fod tuedd i fodelu fframwaith 'Cymraeg fel Iaith Ychwanegol' ar y model cenedlaethol 'Saesneg fel Iaith Ychwanegol', gan anwybyddu anghenion lleol disgyblion mewn Addysg Cyfrwng Cymraeg o gefndiroedd mewnfudol.[73] Cefnoga'r ymchwil, felly, fentrau i gysylltu addysg statudol gydag addysg oedolion er budd cysyniadau mwy 'lleol' dinasyddiaeth Gymreig.

Er bod angen ymchwil pellach i ddarganfod strategaethau i ddatblygu'r peuoedd integreiddio, ceir tystiolaeth o blaid sefydlu partneriaethau iaith cymunedol. Astudiwyd enghraifft y *jumelages interculturels*[74] yn Québec a'r *Voluntariat per la llengua* yng Nghatalwnia sydd eisoes wedi'u mabwysiadu gan Dde Tyrol a Sweden. Â'r partneriaid iaith hefyd i'r afael â nifer o ragfarnau ac ystrydebau ar y naill ochr a'r llall. Byddai ymchwil pellach yn medru archwilio'r dulliau gorau o gymell aelodau'r gymuned groeso i gymryd rhan yn y partneriaethau a sut i'w strwythuro orau er budd y gymdeithas a'i gwahanol randdeiliaid. Awgrymir y byddai strwythuro partneriaethau iaith, megis cynllun 'Siarad' Cymraeg i Oedolion, fel rhan o gwricwlwm dysgu iaith i fewnfudwyr, yn gosod cynsail cadarn drwy roi cyfle i fewnfudwyr gwrdd â siaradwyr Cymraeg eraill ac ymgyfarwyddo â'r diwylliant.

Ar nodyn mwy realistig, dychwelwn ar ddiwedd y drafodaeth hon i sefyllfa ansicr ac anghydradd sydd wrth galon gwleidyddiaeth iaith leiafrifol. Er gwaethaf twf addysg Gymraeg ac ysgolion cyfrwng Cymraeg ledled Cymru, gwyddom nad yw'r hinsawdd yn gwarantu mwy o sicrwydd y bydd plentyn a anwyd yng Nghymru yn datblygu sgiliau Cymraeg na'r sicrwydd y daw plentyn mewnfudwr i siarad Cymraeg. Beth am addysg oedolion yng Nghymru? Onid yw'r ddarpariaeth bresennol i oedolion yn 'gydradd i bawb'? Mae canlyniadau'r ymchwil yn awgrymu'n wahanol. Cymharer dau berson sydd â hawliau cyfreithiol gwahanol ond sydd am ddysgu Cymraeg: ffoadur sydd yn ceisio dechrau bywyd yng

Nghymru a dyn busnes o Loegr sydd wedi sefydlu busnes newydd yng Nghaerdydd. Ymddengys fod cymhelliant y ddau i ddysgu Cymraeg cyn gryfed â'i gilydd ar sail yr ewyllys i integreiddio'n gymdeithasol ac yn economaidd. Y mae'r dyn busnes yn holi am gwrs dwys Cymraeg i Oedolion yn y Brifysgol drwy ei ffynonellau ac yn talu ffioedd llawn i'w fynychu. Mae'r ffoadur yn holi am wersi iaith, mae'n ymrestru ar gwrs ESOL, ond yn cael ei wfftio gan diwtor ESOL pan grybwyllir ei ddymuniad i ddysgu Cymraeg. Heb gefnogaeth na chyllid, mae'n annhebygol y bydd y ffoadur yn dysgu Cymraeg. Nid senario ond realiti yw hyn. Efallai y byddai'r dyn busnes yn colli cymhelliant ac efallai y bydd y ffoadur yn symud i Loegr ymhen rhai misoedd neu flynyddoedd. Nid yw hynny'n newid anghyfiawnder y sefyllfa.

Gobeithir y bydd datblygiadau mewn polisi mewnfudo a chynhwysiant ar lefel wladwriaethol ac is-wladwriaethol yn cyd-fynd â datblygiadau mewn addysg iaith gydradd a chynhwysol i holl drigolion Cymru, mewnfudwyr neu beidio. Y gobaith yw y bydd y drafodaeth ar gymhwyso amrywiaeth (e.e amlddiwylliannedd a rhyngddiwylliannedd) yn bwydo trafodaeth a phenderfyniadau ym myd addysg a mewnfudo ac y bydd canfyddiadau empiraidd yr ymchwil yn ysbrydoliaeth i brosiectau ymysg unigolion a chymunedau ledled Cymru. Gobeithio y bydd hyn hefyd yn gam ymlaen at lunio dinasyddiaeth Gymreig a dyfodol teg i Gymry aml-ethnig ac amlieithog hen a newydd.

Nid yw'r ymchwil wedi ceisio cynnig atebion plaen i sefyllfa gymdeithasol, wleidyddol ac economaidd ddyrys a datblygol yn y Gymru sydd ohoni. Serch hynny, mae'r ymchwil wedi ymdrin â chymhlethdodau'r sefyllfa aml-ethnig yng Nghymru a sut y mae'r newidiadau hyn yn caniatáu i unigolion herio anghyfiawnderau ar y brig a chymryd camau at lunio llwybrau teg a chydradd i ddinasyddion Cymru. Er mai mewnfudo o Loegr sydd wedi effeithio fwyaf ar lefelau mudo i Gymru yn ystod y degawdau diwethaf, gwelir twf cynyddol o fewnfudwyr o dramor i'r Deyrnas Unedig ac i Gymru.[75] Er gwaethaf ymdrechion y Swyddfa Gartref i leihau nifer y mewnfudwyr sydd yn dod i Brydain, Cymru fwyfwy aml-ethnig ac amlieithog fydd Cymru'r dyfodol. Y mae ymdrin â'r cwestiynau hyn yn hanfodol felly i ddyfodol gwlad ddatganoledig.

Bu hon yn daith ddeallusol wrth ymdrin â chysyniadau amrywiol ar reoli amrywiaeth gan gynnwys y gwrthdrawiadau a'r cymariaethau er mwyn cynnig model pwrpasol i Gymru. Bu hefyd yn siwrnai emosiynol i minnau wrth dreiddio drwy haenau, rhwystrau, a thensiynau'r broses sy'n rhan o amodau mewnfudo a dinasyddiaeth y Deyrnas Unedig, polisi addysg iaith oedolion ac wrth fynd i'r afael â hynt a helynt hanesion bywydau mewnfudwyr i Gymru. Oherwydd natur ryngddisgyblaethol y gwaith, hyderir y bydd yr ymchwil yn ehangu ffiniau gwaith sosioieithyddol a pholisi iaith yng Nghymru o bersbectif ethnograffeg feirniadol yn ogystal â chyfrannu at bolisi addysg oedolion a chynhwysiant mewnfudwyr. Er gwaethaf manteision ystod eang o gyfranogwyr a dulliau ymchwil amrywiol a ddefnyddiwyd ar gyfer y gwaith maes, gobeithir mai'r dehongliad o'r data yw'r gwerth pwysicaf i'r darllenwyr – dehongliad sydd yn adlewyrchu realiti bywyd. Fel y dywed yr anthropolegwr George Spindler: 'The smallest part of the whole seems to reflect the whole [. . .] if we know how to read it'.[76] Felly, os gwyddom 'sut i'w ddarllen', mae gennym yn ein gafael y gallu i drawsnewid anghyfiawnderau y mae dadansoddiad ethnograffig agos yn eu datgelu.[77]

Ôl-nodyn

Y mae'r gyfrol hon yn trafod creu dinasyddiaeth i Gymru – dinasyddiaeth sydd â'i gwreiddiau yn y lleol, y gymuned, ond sydd hefyd â goblygiadau cenedlaethol i Gymru. Yn y cyd-destun gwleidyddol ansefydlog sydd ohoni, y mae llywio llwybr amgen ar gyfer amrywiaeth ddiwylliannol yng Nghymru yn fwyfwy priodol, er ei bod yn dasg gynyddol heriol. Yng ngoleuni pwerau cyfyngedig Cymru, anodd yw rhagweld traweffaith label Cymru fel Cenedl Noddfa yn arbennig pan fo'r penderfyniadau pwysicaf am fywydau mewnfudwyr yn cael eu gwneud y tu allan i Gymru neu mewn sefydliadau yng Nghymru sydd yn cynrychioli Llywodraeth San Steffan. Pe bai gan Gymru bwerau dros fewnfudo, hoffwn ddychmygu y byddai tynged mewnfudwyr yn fwy gobeithiol ac y byddai'r sefyllfa economaidd yn caniatáu iddynt adeiladu bywydau llewyrchus yng Nghymru. Mae'r gyfrol wedi dangos bod modd gweithredu er mwyn adeiladu dinasyddiaeth gynhwysol ar lefel y gymuned ac mae addysg iaith ymysg y pethau a all gyfrannu at hyn. Gall y Gymraeg felly gael ei hystyried yn fedr ar gyfer dinasyddiaeth yng Nghymru ac mae hanesion mewnfudwyr yn yr ymchwil wedi profi bod hyn yn bosib. Rhaid i'r Cymry fod yn barod i fentro bod yn rhan o hanesion mewnfudwyr drwy wneud ymdrech i chwalu ffiniau cymdeithasol, cydnabod a derbyn gwahaniaethau a thrwy godi pontydd newydd ar draws diwylliannau, fel bod eraill yn gallu magu gwreiddiau ac yng ngeiriau'r ffoadures, Kate Bosse-Griffiths, dyfu'n rhan o Gymru.[78]

Nodiadau

1 *Dadlau'r tu hwnt i amlddiwylliannedd yng Nghymru*

1 Independent, 'Brexit: People voted to leave EU because they feared immigration, major survey finds', 2017 [ar-lein] *https://www.independent.co.uk/news/uk/home-news/brexit-latest-news-leave-eu-immigration-main-reason-european-union-survey-a7811651.html* (cyrchwyd ar 21 Mehefin 2019).

2 Swyddfa Gartref, 'Home Secretary announces plans for citizenship reforms', 2018 [ar-lein] *https://www.gov.uk/government/news/home-secretary-announces-plans-for-citizenship-reforms* (cyrchwyd ar 12 Rhagfyr 2018).

3 BBC, 'UK should set date for everyone to speak English, says Casey', 2018 [ar-lein] *https://www.bbc.co.uk/news/uk-politics-43370514* (cyrchwyd ar 12 Mawrth 2018).

4 Independent, 'Cameron: My war on multiculturalism', 2011 [ar-lein] *https://www.independent.co.uk/news/uk/politics/cameron-my-war-on-multiculturalism-2205074.html* (cyrchwyd ar 21 Mehefin 2019).

5 Llywodraeth Cymru, 'Cymru'n Cyd-dynnu: Strategaeth Cydlyniant Cymunedol Cymru' (Caerdydd: Llywodraeth Cymru, 2009).

6 Llywodraeth Cymru, 'Cenedl Noddfa: Cynllun Ffoaduriaid a Cheiswyr Lloches' (Caerdydd: Llywodraeth Cymru, 2019).

7 Lisa Sheppard, *Y Gymru 'Ddu' a'r Ddalen 'Wen': Aralledd ac Amlddiwylliannedd mewn Ffuglen Gymreig, er 1990* (Caerdydd: Gwasg Prifysgol Cymru, 2018), t. 6.

8 Bhikhu Parekh, *Rethinking Multiculturalism* (Basingstoke: Palgrave Macmillan, 2000), t. 2.

9 Steven Vertovec, 'Super-diversity and its Implications. Ethnic and Racial studies', 30/6 (2007), tt. 1024–54.

10 Brian, M. Bullivant, *The pluralist dilemma in education: Six case studies* (Sydney: Allen & Unwin, 1981).

[11] Ferdinand De Saussure, *Cours de linguistique générale* (Wiesbaden: Otto Harrassowitz Verlag, 1967).

[12] Stephen May, *Language and Minority Rights* (New York: Routledge, 2012).

[13] Jeremy Evas, 'Rhwystrau ar Lwybr Dwyieithrwydd' (traethawd PhD heb ei gyhoeddi, Prifysgol Caerdydd, Caerdydd, 1999).

[14] Joshua Fishman, *Reversing Language Shift: Theoretical and empirical foundations of assistance to threatened languages* (Clevedon: Multilingual Matters, 1991) t. 20.

[15] May 2012, *Language and Minority Rights*, t. 4.

[16] Steven Pinker, *The language instinct: The new science of language and mind* (London: Penguin UK, 1994).

[17] Peter Mühlhäusler, 'Language planning and language ecology. Current Issues in Language Planning' 1/3 (2000), tt. 306–67.

[18] May, *Language and Minority Rights*, t. 4

[19] Noam Chomsky, *Language and Responsibility* (Brighton: Harvester Press, 1979) t. 191.

[20] Johann Gottfried Herder, *Ideen zur Philosophie der Geschichte der Menschheit: Zweiter Theil* (Riga und Leipzig: Johann Friedrich Hartsnoch, 1785), t. 80: 'Denn jedes Volk ist Volk; es hat seine nationale Bildung wie seine Sprache'.

[21] Huw Lewis, 'Rhyddfrydiaeth ac Adferiad Iaith' (traethawd PhD heb ei gyhoeddi, Prifysgol Aberystwyth, Aberystwyth, 2009), tt. 13–28.

[22] John Stuart Mill, *Utilitarianism, Liberty & Representative Government* (Maryland: Wildside Press LLC, 2007).

[23] Charles Taylor, 'The Politics of Recognition' yn Amy Gutmann (gol.), *Multiculturalism and the Politics of Recognition* (Princeton: Princeton University Press, 1992), tt. 43–4.

[24] Lewis, 'Rhyddfrydiaeth ac Adferiad Iaith'.

[25] Gweler Cyngor Ewrop, 'European Charter for Regional or Minority Languages', 1992 [ar-lein] *http://www.coe.int/en/web/conventions/full-list/-/conventions/treaty/148* (cyrchwyd ar 14 Medi 2013) a Chyngor Ewrop, 'Framework Convention for the Protection of National Minorities', 1995 [ar-lein] *https://www.coe.int/t/dghl/monitoring/minorities/1_AtGlance/PDF_H%2895%2910_FCNM_ExplanReport_en.pdf* (cyrchwyd ar 12 Hydref 2015).

[26] Wil Kymlicka, *Multicultural Odysseys* (Oxford: Oxford University Press, 2007).

[27] Steven Vertovec a Susanne Wessendorf, *The Multiculturalism Backlash* (London: Routledge, 2010).

[28] Wil Kymlicka, 'Multiculturalism; Success, Fail and Future', *Migration Policy Institute* (2012) [ar-lein] *http://www.migrationpolicy.org/pubs/multiculturalism.pdf* (cyrchwyd ar 13 Mai 2013).

[29] Llywodraeth Cymru, 'Understanding Wales' (Cardiff: Welsh Government, 2010), t. 4.
[30] Llywodraeth Cymru, 'A welcome guide to Wales' (Cardiff: Welsh Government, 2015).
[31] Kymlicka, *Multicultural Odysseys*, t. 61.
[32] Kymlicka, 'Multiculturalism; Success, Fail and Future', tt. 1–25.
[33] Lewis, 'Rhyddfrydiaeth ac Adferiad Iaith'.
[34] Lewis, 'Rhyddfrydiaeth ac Adferiad Iaith', t. 18.
[35] Wil Kymlicka, *Multicultural Citizenship* (Oxford: Oxford University Press, 1995), tt. 36–7.
[36] Kymlicka, *Multicultural Citizenship*, t. 3.
[37] Kymlicka, *Multicultural Citizenship*.
[38] Kymlicka, *Multicultural Citizenship*, tt. 26–33.
[39] May, *Language and Minority Rights*, t. 123.
[40] Kymlicka, *Multicultural Odysseys*, t. 75.
[41] Fel nifer o wladwriaethau eraill yn Ewrop, mae cefnogaeth gynyddol yr adain Dde yn Sweden wedi codi cwestiynau am lwyddiant amlddiwylliannedd yno yn enwedig ynghylch grwpiau mewnfudol.
[42] Kymlicka, *Multicultural Odysseys*, t. 79.
[43] Kymlicka, *Multicultural Citizenship*, t. 47.
[44] Kymlicka, *Multicultural Citizenship*, tt. 35–7; May, *Language and Minority Rights*, tt. 124–5.
[45] Liberal Party, 'Statement by Liberal Party of Canada Leader Justin Trudeau on the anniversary of multiculturalism', 2015 [ar-lein] *https://www.liberal.ca/statement-by-liberal-party-of-canada-leader-justin-trudeau-on-the-anniversary-of-multiculturalism/* (cyrchwyd ar 9 Ionawr 2016).
[46] Wil Kymlicka, 'The evolving Canadian experiment with multiculturalism', yn Gérard Bouchard, Gabriella Battaini-Dragoni, Céline Saint-Pierre, Geneviève Nootens a François Fournier, '*L'interculturalisme: Dialogue Québec-Europe: Actes du symposium international sur l'interculturalisme* (Montréal: Bibliothèque et Archives nationales du Québec, 2011).
[47] Kymlicka, 'The evolving Canadian experiment with multiculturalism', t. 7.
[48] Pierre E. Trudeau, 'Announcement of Implementation of Policy of Multiculturalism within Bilingual Framework; Dadl yn Nhŷ'r Cyffredin, Llywodraeth Ffederal Canada, 8 Hydref 1971 (ailargraffwyd yng Ngwyddoniadur Alberta Online) *http://www.abheritage.ca/albertans/speeches/trudeau.html*.
[49] Kymlicka, 'The evolving Canadian experiment with multiculturalism', tt. 7–12.
[50] Tariq Modood, 'New Forms of Britishness: Post-Immigration Ethnicity and Hybridity in Britain', yn Rosemarie Sackmann, Bernhard Peters a

Thomas Faist (gol.), *Identity and Integration: Migrants in Western Europe* (Aldershot: Ashgate, 2003).

51 Kymlicka, 'The evolving Canadian experiment with multiculturalism', tt. 13–19.

52 Tariq Modood a Nasar Meer, 'The Multicultural State We're In: Muslims, "Multiculture" and the "Civic Re-balancing" of British Multiculturalism', *Political Studies*, 57 (2009), tt. 473–97.

53 Vertovec a Wessendorf, *The Multiculturalism Backlash*, tt. 1–17.

54 Cyngor Ewrop, 'Living Together – Combining Diversity and Freedom in 21st Century Europe'(Strasbourg: European Council, 2011).

55 Vertovec a Wessendorf, *The Multiculturalism Backlash*, tt. 1–17.

56 The Economist, 'In praise of multiculturalism', 2007 [ar-lein] *http://www.economist.com/node/9337695* (cyrchwyd ar 16 Rhagfyr 2013).

57 Vertovec a Wessendorf, *The Multiculturalism Backlash*, tt. 1–17.

58 Vertovec a Wessendorf, *The Multiculturalism Backlash*, tt. 1–17.

59 Vertovec a Wessendorf, *The Multiculturalism Backlash*, tt. 1–17.

60 David McGhee, *The end of Multiculturalism? Terrorism, Integration and Human Rights* (Maidenhead: Open University Press, 2008), t. 145.

61 Vertovec a Wessendorf, *The Multiculturalism Backlash*, tt. 1–17.

62 Brian Barry, *Culture and Equality: An Egalitarian Critique of Multiculturalism* (Cambridge: Harvard University Press, 2001).

63 Barry, *Culture and Equality*, t. 88.

64 *Habitus* yw term a fathwyd gan Pierre Bourdieu er mwyn dynodi ymddygiad a meddylfryd unigolyn sydd yn cael eu ffurfio ac sydd yn newid drwy densiynau a strwythurau rhwng yr unigolyn â'r gymdeithas.

65 Dyma derm a ddefnyddir gan gefnogwyr amlddiwylliannedd er mwyn disgrifio fersiwn o ryddfrydiaeth nad yw'n gwahaniaethau rhwng diwylliannau gwahanol.

66 Barry, *Culture and Equality*, t. 72.

67 Barry, *Culture and Equality*, tt. 106–7.

68 Williams, '"Can we live together?": Wales and the Multicultural Question', yn *Trafodion Anrhydeddus Gymdeithas y Cymmrodorion. Transactions of the Honourable Society of Cymmrodorion*, 11 (2005), tt. 216–30.

69 Williams, '"Can we live together?": Wales and the Multicultural Question', t. 223.

70 Williams, '"Can we live together?": Wales and the Multicultural Question', t. 223.

71 Williams, '"Can we live together?": Wales and the Multicultural Question', t. 224.

72 Charlotte Williams a Philomena de Lima, 'Devolution, Multicultural Citizenship and Race Equality: From laissez-faire to Nationally Responsible Policies', *Critical Social Policy*, 26/3 (2006), t. 515.

73 Slavoj Žižek, 'Multiculturalism, or the Cultural Logic of Multinational Capitalism', *New Left Review*, 1997 [ar-lein] *http://newleftreview.org/I/225/slavoj-zizek-multiculturalism-or-the-cultural-logic-of-multinational-capitalism* (cyrchwyd ar 2 Ebrill 2014).

74 Daniel G.Williams, 'Single Nation, double logic: Ed Milliband and the problem with British multiculturalism', *Open Democracy*' [ar-lein] *http://www.opendemocracy.net/ourkingdom/daniel-g-williams/single-nation-double-logic-ed-miliband-and-problem-with-british-multicu* (cyrchwyd ar 10 Tachwedd 2012).

75 Williams, 'Single Nation, double logic: Ed Milliband and the problem with British multiculturalism'.

76 Williams, 'Single Nation, double logic: Ed Milliband and the problem with British multiculturalism'.

77 Charles Taylor, 'The Politics of Recognition', t. 44.

78 Simon Brooks, *Yr hawl i oroesi* (Llanrwst: Gwasg Carreg Gwalch, 2009), t. 143.

79 Pierre Bourdieu, *Ce que parler veut dire: L'économie des échanges linguistiques* (Paris: Arthème Fayard, 1982).

80 Ted Cantle, *Interculturalism: The new era of cohesion and diversity* (Basingstoke: Palgrave Macmillan, 2011), t. 142.

81 Cantle, *Interculturalism*, t. 155.

82 Cantle, *Interculturalism*, t. 4.

83 Cantle, *Interculturalism*, t. 155.

84 Cantle, *Interculturalism*, t. 202.

85 Wil Kymlicka, 'Intercultural Citizens in Multicultural States'; yn *Theory and Research in Education*, 1/2 (2003), tt. 147–69.

86 Kymlicka, 'Intercultural Citizens in Multicultural States', t. 148.

87 Tariq Modood a Nasar Meer, 'Interculturalism, Multiculturalism or Both?', yn *Political Insight Magazine* [ar-lein] *http://onlinelibrary.wiley.com/doi/10.1111/j.2041-9066.2012.00097.x/full* (cyrchwyd ar 12 Rhagfyr 2013).

88 Mark Levine, *The Reconquest of Montréal* (Philadelphia: Temple University Press, 1991).

89 Conseil supérieur de la langue française, 'Redynamiser la politique linguistique du Québec' (Québec: Gouvernement du Québec, 2012), t. 9: 'les francophones se rendaient peu à peu compte qu'ils étaient dans une situation de diglossie, c'est-à-dire de coexistence de deux langues, ou, même minoritaire, l'une des langues, l'anglais en l'occurrence, était affectée d'un facteur prestige qui la rendait plus attrayante, notamment pour les immigrants.'

90 Michel Pagé a Patricia Lamarre, 'L'intégration linguistique des immigrants au Québec', IRPP [ar-lein] *http://irpp.org/fr/research-studies/*

lintegration-linguistique-des-immigrants-au-quebec/ (cyrchwyd ar 9 Mawrth 2019).

91 Pierre Georgeault, 'Langue et diversité: un défi à relever' yn Pierre Georgeault a Michel Pagé (goln), *Le français, langue de la diversité québécoise: Une reflexion pluridisciplinaire* (Montreal: Québec Amerique, 2006), t. 291: 'la prise de conscience que les néo-québécois constituent un enjeu majeur pour la sauvegarde du français en Amérique du Nord.'

92 Conseil supérieur de la langue française, 'Redynamiser la politique linguistique du Québec', t. 10: 'On considère que la justice n'est pas d'apporter la même solution à toutes les situations, mais de trouver des solutions différentes à des situations différentes afin qu'au bout du compte les dispositions qui créent ou garantissent des droits aux citoyens aient un effet équivalent pour les uns et pour les autres.'

93 Conseil supérieur de la langue française, 'Redynamiser la politique linguistique du Québec', t. 24.

94 Jean-Pierre Corbeil a René Houle, 'Trajectoires linguistiques et langue d'usage public chez les allophones de la région métropolitaine de Montréal' (Montréal: Office québécois de la langue française, 2013).

95 Gérard Bouchard, *Interculturalisme: d'un point de vue québécois* (Montréal: Éditions Boréalt, 2012), tt. 19–44.

96 Bouchard, *Interculturalisme*, tt. 45–95.

97 Bouchard, *Interculturalisme*, t. 97.

98 Globe and Mail, 'The 'Smiling Buddha' and his multicultural charms', 2010 [ar-lein] *https://www.theglobeandmail.com/news/politics/the-smiling-buddha-and-his-multicultural-charms/article4388303/* (cyrchwyd ar 22 Gorffennaf 2019).

99 Bouchard, *Interculturalisme*, t. 43.

100 Charles Taylor, 'Interculturalism or Multiculturalism?', *Philosophy Social Criticism*, 38 (2012), tt. 413–38.

101 Taylor, 'Interculturalism or Multiculturalism?', t. 420.

102 Modood a Meer, 'Interculturalism, Multiculturalism or Both?', t. 32.

103 Modood a Meer, 'Interculturalism, Multiculturalism or Both?', t. 32.

104 Cyfweliad gyda Swyddog Llywodraeth Québec dros Fewnfudo, Amrywiaeth a Chynhwysiant, Tachwedd 2014 (Ministère de l'immigration, la diversité et la inclusion): 'La défense de la langue comme était un enjeu collectif ne surgit là où il y a conflit linguistique. Pourquoi ailleurs au Canada la langue n'est-elle pas un enjeu? Tout simplement parce qu'il n'y a pas d'enjeu. Aux États-Unis, ça devient. Là où il n'y a pas de conflit, ou de mises en législation, mise en discours ou recherche. Pour le Québec, ça a toujours été au centre. À quel degré un état non souverain peut légiférer sur une langue non souveraine? Elle est là, la question.'

105 Alain G. Gagnon a Raffaele Iacovino, *Federalism, Citizenship and Québec: Debating multinationalism* (Toronto: University of Toronto Press, 2007).

106 Cyfweliad gyda Swyddog Llywodraeth Québec dros Fewnfudo, Amrywiaeth a Chynhwysiant, Tachwedd 2014 (Ministère de l'immigration, la diversité et la inclusion): 'Si le Québec a agi avec la législation linguistique et d'autres choses, c'est parce que la cohésion sociale avait déjà une certaine couleur, une être, un savoir-être, quelque chose de très culture, qui a grandi pendant très longtemps. Ce n'est probablement pas le même savoir-être ailleurs. La cohésion sociale dans une autre société sera comparable, mais pas entièrement parce que c'est quelque chose qui est très particulier à la société. Il faut faire attention dans les comparaisons là parce que ça touche à quelque chose beaucoup plus large.'

107 Cyfweliad gyda Swyddog Llywodraeth Québec dros Fewnfudo, Amrywiaeth a Chynhwysiant, Tachwedd 2014 (Ministère de l'immigration, la diversité et la inclusion): 'Depuis la révolution tranquille, elle [le Québec francophone] est considérée comme une majorité donc on a des lois pour la majorité, dont une cohésion à la majorité. Mais pour vous, une minorité linguistique qui est traitée comme une minorité.'

108 Colin. H. Williams, *Minority Language Promotion, Protection and Regulation: The Mask of Piety* (Basingstoke: Palgrave Macmillan, 2013).

109 Marco Antonsich, 'Interculturalism versus multiculturalism: The Cantle-Modood debate', *Ethnicities*, 16/3 (2016), tt. 470–93.

110 Antonsich, 'Interculturalism versus multiculturalism', t. 493.

111 Antonsich, 'Interculturalism versus multiculturalism', t. 493.

112 Sheppard, *Y Gymru 'Ddu' a'r Ddalen 'Wen'*, t. 9.

2 *Adeiladu seiliau dinasyddiaeth Gymreig*

1 Christian Joppke, 'Beyond national models: Civic integration policies for immigrants in Western Europe', *West European Politics*, 30/1 (2007), tt. 1–22.

2 Swyddfa Gartref, 'Inspection report of hostile environment measures', 2016 [ar-lein] *https://www.gov.uk/government/publications/inspection-report-of-hostile-environment-measures-october-2016* (cyrchwyd ar 21 Mehefin 2019).

3 Tariq Modood a Nasar Meer, 'Multicultural Citizenship in Europe: The States We Are In' *EMILIE Workshop – Migration and Diversity Challenges in Europe*, 24 Medi 2009, Berlin, Yr Almaen (Glasgow: University of Strathclyde Glasgow, 2009), t. 21.

[4] Vertovec a Wessendorf, *The Multicultural Backlash*, tt. 1–17.
[5] Guus Extra, Max Spotti a Piet Van Avermaet, 'Language Testing, Migration and Citizenship' *Journal of Ethnic and Migration Studies*, 36/5 (2009), tt. 753–72.
[6] Thomas Brooks, 'The British Citizenship Test: The Case for Reform', *The Political Quarterly*, 83/3 (2012), tt. 560–6.
[7] Llywodraeth yr Alban, 'New Scots: refugee integration strategy 2018 to 2022' (Edinburgh: Scottish Government, 2018). Mae strategaeth addysg iaith Llywodraeth yr Alban yn anelu at sicrhau bod pob disgybl ysgol gynradd ac uwchradd yn dysgu dwy iaith ychwanegol i'w mamiaith. Gweler Llywodraeth yr Alban, 'Language learning in Scotland: a 1 + 2 approach' (Edinburgh: Scottish Government, 2012). Bwriad y strategaeth yw ehangu a chefnogi darpariaeth yr Aeleg a'r Sgoteg hefyd.
[8] Llywodraeth Cymru, 'Understanding Wales', t. 1.
[9] Aristotle, 'The Politics of Aristotle', cyfieithwyd gan Ernest Barker (London: Oxford University Press, 1941), tt. 1247–75.
[10] Steven Castles a Alastair Davidson, *Citizenship and Migration: Globalization and the Polictics of Belonging* (London: Macmillan Press, 2000), t. 12.
[11] David McGhee, 'The paths to citizenship: a critical examination of immigration policy in Britain since 2001' *Patterns of Prejudice*, 43/1 (2008), tt. 48.
[12] Gweler Barry, *Culture and Equality* a Cynthia. V. Ward, 'The Limits of "Liberal Republicanism": Why group-based remedies and republican citizens don't mix', *Columbia Law Review*, 91/3 (1991), tt. 581–607.
[13] Ward, 'The Limits of "Liberal Republicanism"', t. 598.
[14] Julia Kristeva, *Nations without Nationalism* (New York: Columbia University Press, 1993), t. 7.
[15] Ariel Loring a Vaidehi Ramanathan, yn Ariel Loring a Vaidehi Ramanathan (gol.), *Language, immigration and naturalization: Legal and linguistic issues* (Bristol: Multilingual Matters, 2016).
[16] Gweler Marion I. Young, *Justice and the Politics of Difference* (Princeton: Princeton University Press, 1990); a Wil Kymlicka, yn Wil Kymlicka a Wayne Norman (goln), *Citizenship in diverse societies* (Oxford: Oxford University Press, 2000), t. 10.
[17] Young, *Justice and the Politics of Difference.*
[18] Parekh, *Rethinking Multiculturalism*, t. 702.
[19] Kymlicka, *Citizenship in diverse societies*, t. 30.
[20] Kymlicka, *Citizenship in diverse societies.*
[21] Wil Kymlicka, 'Multicultural citizenship within multination states', *Ethnicities*, 11/3 (2011), tt. 281–302.

22 Gweler, er enghraifft, Gagnon a Iacovino, *Federalism, Citizenship and Québec*; Gérard Bouchard, *Interculturalisme*; a Michel Seymour, *La Nation en question* (Montréal: l'Hexagone, 1995).

23 Gagnon a Iacovino, *Federalism, Citizenship and Québec.*

24 Gagnon a Iacovino, *Federalism, Citizenship and Québec*, t. 18.

25 David Blunkett, 'Towards a Civil Society', 2003 [ar-lein] *http://www.ippr.org/files/images/media/files/publication/2011/05/templblunkett_1289.pdf?noredirect=1* (cyrchwyd ar 7 Mawrth 2019).

26 Ted Cantle, 'Community Cohesion: A report of the independant review team', 2001 [ar-lein] *http://www.tedcantle.co.uk/publications/001%20Cantle%20Report%20CCRT%202001.pdf* (cyrchwyd ar 7 Mawrth 2019).

27 Swyddfa Gartref, 'Secure Borders, Safe Haven: Integration with Diversity in Modern Britain', 2002a [ar-lein] *https://assets.publishing.service.gov.uk/government/uploads/system/uploads/attachment_data/file/250926/cm5387.pdf* (cyrchwyd ar 7 Mawrth 2019).

28 Swyddfa Gartref, 'Secure Borders, Safe Haven', t. 29.

29 Swyddfa Gartref, 'Secure Borders, Safe Haven', t. 29.

30 Swyddfa Gartref, 'Secure Borders, Safe Haven', t. 29.

31 Swyddfa Gartref, 'Secure Borders, Safe Haven', t. 32.

32 Swyddfa Gartref, 'Secure Borders, Safe Haven', t. 32.

33 Swyddfa Gartref, 'Secure Borders, Safe Haven', t. 30.

34 Swyddfa Gartref, 'Secure Borders, Safe Haven', t. 33.

35 Swyddfa Gartref, 'Nationality, Immigration and Asylum Act', 2002 [ar-lein] *http://www.legislation.gov.uk/cy/ukpga/2002/41/contents* (cyrchwyd ar 7 Mawrth 2019).

36 Dina Kiwan, 'Becoming a British citizen: A learning journey' (London: Ministry of Justice, 2007).

37 Thomas Brooks, 'The British Citizenship Test'.

38 Swyddfa Gartref, 'Prove your knowledge of English for citizenship and settling', 2015 [ar-lein] *https://www.gov.uk/english-language/approved-english-language-qualifications* (cyrchwyd ar Mawrth 2019).

39 Dyfynwyd araith gan David Cameron yn Dermot Bryers, Becky Winstanley a Melanie Cook, 'Whose Integration? Working paper in urban language and literacies', yn David Mallows (gol.), *British Council Innovation Series: Language and Integration* (London: British Council, 2013), t. 29.

40 Llywodraeth y Deyrnas Unedig, 'Extremism: PM speech. Ninestiles School, Birmingham', 20 Gorffennaf 2015, *https://www.gov.uk/government/speeches/extremism-pm-speech* (cyrchwyd ar 7 Mawrth 2019).

41 Kiwan, 'Becoming a British citizen', t. 12.

42 Kiwan, 'Becoming a British citizen', t. 10.

43 Kymlicka, 'Multicultural citizenship within multination states', t. 287.

44 Lord Goldsmith, 'Citizenship: our common bond' *Citizenship review* (London: Ministry of Justice, 2008) [ar-lein] *http://image.guardian.co.uk/sys-files/Politics/documents/2008/03/11/citizenship-report-full.pdf.*
45 Goldsmith, 'Citizenship: our common bond', t. 9.
46 Independent, 'Britain to hold post-Brexit festival celebrating culture, sport and innovation, Theresa May announces', 2018 [ar-lein] *https://www.independent.co.uk/news/uk/politics/brexit-latest-theresa-may-the-festival-culture-innovation-sport-great-exhibition-queen-victoria-a8561021.html* (cyrchwyd ar 7 Mawrth 2019).
47 Goldsmith, 'Citizenship: our common bond', t. 7.
48 Goldsmith, 'Citizenship: our common bond', t. 7.
49 Centre of Dynamics and Ethnicity, 'Who feels British?', 2013 [ar-lein] *http://hummedia.manchester.ac.uk/institutes/code/briefingsupdated/who-feels-british.pdf* (cyrchwyd ar 7 Mawrth 2019).
50 Stuart Soroka, Richard Johnston a Keith Banting, 'Ties that Bind? Social cohesion and diversity in Canada' [ar-lein] *http://irpp.org/wp-content/uploads/2006/12/soroka.pdf* (cyrchwyd ar 7 Mawrth 2019).
51 Kymlicka, 'Multicultural citizenship within multination states', t. 290.
52 Kymlicka, 'Multicultural citizenship within multination states', t. 295.
53 Sheila. M. Arnopoulos a Dominique Clift, *English Fact in Québec* (Montreal: McGill-Queen's University Press, 1984).
54 Kymlicka, 'Multicultural citizenship within multination states', t. 291.
55 Kymlicka, 'Multicultural citizenship within multination states', t. 293.
56 Gagnon a Iacovino, *Federalism, Citizenship and Québec*, t. 151.
57 Kymlicka, 'Multicultural citizenship within multination states', t. 293.
58 Asifa Hussain a William Miller, *Multicultural Nationalism: Islamophobia, Anglophobia, and Devolution* (Oxford: Oxford University Press, 2006).
59 Hussain a Miller, *Multicultural Nationalism*, t. 199.
60 Rhys Andrews a Andrew Mycock, 'Citizenship Education in the UK: Divergence within a multi-national state' *Citizenship Teaching and Learning*, 3/1 (2007), tt. 73–88.
61 Llywodraeth Cymru, 'Cymru'n Cyd-dynnu', t. 35.
62 Llywodraeth Cymru, 'Cymru'n Cyd-dynnu', t. 8.
63 Llywodraeth Cymru, 'Cymru'n Cyd-dynnu', t. 5.
64 Llywodraeth Cymru, 'Strategaeth Cynnwys Ffoaduriaid' (Caerdydd: Llywodraeth Cymru, 2013), t. 30.
65 Llywodraeth Cymru, 'Strategaeth Cynnwys Ffoaduriaid', t. 53.
66 Llywodraeth Cymru, 'Strategaeth Cynnwys Ffoaduriaid', t. 19.
67 Llywodraeth Cymru, 'Cymru'n Cyd-dynnu', t. 40.
68 Llywodraeth Cymru, 'Cydlyniant Cymunedol: Cynllun Cyflawni Cenedlaethol 2014–16' (Caerdydd: Llywodraeth Cymru, 2014).

69 Hywel Jones, 'Poblgaeth Cymru'n Newid', 2015 [ar-lein] *http://www.bbc.co.uk/cymrufyw/34260651* (cyrchwyd ar 7 Mawrth 2019).

70 Llywodraeth Cymru, 'Cymraeg 2050: Miliwn o siaradwyr' (Caerdydd: Llywodraeth Cymru, 2017), tt. 68–9.

71 Cyngor Sir Gaerfyrddin, 'Croeso i Gymru, Croeso i Sir Gâr, Croeso i'r Gymraeg', 2018 [ar-lein] *https://www.carmarthenshire.gov.wales/media/1216436/welcome-pack.pdf* (cyrchwyd ar 7 Mawrth 2019).

72 Gweler Llywodraeth Cymru, 'Polisi Saesneg ar gyfer Siaradwyr Ieithoedd Eraill (ESOL) yng Nghymru' (Caerdydd: Llywodraeth Cymru, 2014).

73 Llywodraeth Cymru, 'Polisi Saesneg ar gyfer Siaradwyr Ieithoedd Eraill (ESOL) yng Nghymru', t. 7.

74 Llywodraeth Cymru, 'Polisi Saesneg ar gyfer Siaradwyr Ieithoedd Eraill (ESOL) yng Nghymru', t. 2.

75 Llywodraeth Cymru, 'Polisi Saesneg ar gyfer Siaradwyr Ieithoedd Eraill (ESOL) yng Nghymru' (Caerdydd: Llywodraeth Cymru, 2018).

76 Ers 2000, caiff ceiswyr lloches eu gwasgaru gan y Swyddfa Gartref i un o bedair dinas yng Nghymru: Caerdydd, Casnewydd, Abertawe a Wrecsam. Serch hynny, caiff unigolion y Cynllun Adsefydlu Agored i Newid o Syria eu hanfon i unrhyw ardal yng Nghymru dan ofal y Cyngor Lleol.

77 Llywodraeth Cymru, 'Polisi Saesneg ar gyfer Siaradwyr Ieithoedd Eraill (ESOL) yng Nghymru, t. 12.

78 Llywodraeth Cymru, 'Polisi Saesneg ar gyfer Siaradwyr Ieithoedd Eraill (ESOL) yng Nghymru, t. 12.

79 Llywodraeth Cymru, 'Polisi Saesneg ar gyfer Siaradwyr Ieithoedd Eraill (ESOL) yng Nghymru', t. 16 (Caerdydd: Llywodraeth Cymru, 2019).

80 Colin. H. Williams, *Linguistic Minorities in Demographic Context* (Basingstoke: Palgrave Macmillan, 2006), t. 276.

81 Dyfyniad o gyfweliad gan swyddog sifil ar ran Llywodraeth Cymru.

82 James Simpson, 'English language learning for adult migrants in superdiverse Britain', yn James Simpson ac Anne Whiteside (goln), *Adult Language Education and Migration: Challenging agendas in policy and practice* (Abingdon: Routledge, 2015), t. 202.

83 Williams, 'Single Nation, double logic: Ed Milliband and the problem with British multiculturalism'.

84 Simon Brooks, 'Twf cenedlaetholdeb Seisnig – cyfaill ta gelyn?', 2014 [ar-lein] *https://www.iwa.wales/wp-content/uploads/2016/01/darlith-yr-eisteddfod-6.pdf* (cyrchwyd ar 8 Mawrth 2019).

85 Telegraph, 'David Cameron: migration threatens our way of life' [ar-lein] *http://www.telegraph.co.uk/news/uknews/immigration/8449324/David-*

Cameron-migration-threatens-our-way-of-life.html (cyrchwyd ar 8 Mawrth 2019).

[86] Simpson, 'English language learning for adult migrants in superdiverse Britain', yn James Simpson ac Anne Whiteside (goln), *Adult Language Education and Migration: Challenging agendas in policy and practice* (Abingdon: Routledge, 2015, tt. 202–3.

[87] Anne-Marie Fortier, 'On (Not) Speaking English: Colonial Legacies in Language Requirements for British Citizenship', *Sociology*, 52/6 (2017), t. 1258.

[88] Vaidehi Ramanathan (gol.), *Language Policies and (Dis)Citizenship: Rights, Access, Pedagogies* (Bristol: Multilingual Matters, 2013).

[89] Tomas Hammar, *Democracy and the nation state: Aliens, denizens and citizens in the world of international migration* (Aldershot: Avebury, 1990).

[90] Richard Devlin and Dianne Pothier, 'Introduction: Toward a critical theory of dis-citizenship' *Critical disability theory: Essays in philosophy, politics, policy, and law* (Vancouver: UBC Press, 2006), tt. 1–22.

[91] Teresa McCarty (gol.), *Ethnography and Language Policy* (New York: Routledge, 2011).

[92] Fortier, 'On (Not) Speaking English', t. 1263.

[93] Ramanathan, yn Ramanathan (gol.), *Language Policies and (Dis)Citizenship*, t. 1.

[94] Ariel Loring a Vaidehi Ramanathan, yn Loring a Ramanathan (goln), *Language, immigration and naturalization*, tt. 7–8.

[95] Thomas Faist, 'Diversity – a new mode of incorporation?' *Ethnic and Racial Studies*, 32/1 (2009), tt. 171–90.

[96] Gweler Jill Rutter, *Moving Up and Getting On: Migration, integration and social cohesion in the UK* (Bristol: Policy Press, 2015), sydd yn cyfeirio at waith Amartya Sen, 'Capability and well-being', yn Martha Nussbaum ac Amartya Sen (goln), *The quality of life* (Oxford: Clarendon Press, 1993).

[97] Rutter, *Moving Up and Getting On*, t. 72.

[98] Michael Shepherd, 'A review of the evidence on health inequities and community cohesion with recommendations for strengthening the health assets approach', 2012 [ar-lein] *http://webcache.googleusercontent.com/search?q=cache:tITZ623XUKcJ:www2.nphs.wales.nhs.uk:8080/HealthServiceQDTDocs.nsf/%28%24All%29/6F07F269BD4E4CC680257A0E003A7554/%24File/Assets%2520report%2520final.doc%3FOpenElement+&cd=5&hl=en&ct=clnk&gl=uk* (cyrchwyd ar 8 Mawrth 2019).

[99] Ricard Zapata-Barrero (gol.), *Interculturalism in Cities: Concept, Policy and Implementation* (Cheltenham: Elgar, 2015).

[100] Zapata-Barrero (gol.), *Interculturalism in Cities*, t. 15.

[101] Amartya Sen, *Development as Freedom* (Oxford: Oxford University Press, 1999).

[102] Ricard Zapata-Barrero, yn Zapata-Barrero (gol.), *Interculturalism in Cities*, t. 15.

[103] Benedict Anderson, *Imagined communities: Reflections on the origin and spread of nationalism* (New York: Verso Books, 2006).

[104] Gweler, er enghraifft, Sue Wright, 'Community and Communication: the role of language in nation-state building and European integration' (Clevedon: Multilingual Matters, 2000), a Jan Blommaert, Sirpa Leppänen, Päivi Pahta, a Tiina Räisänen (goln), *Dangerous multilingualism: Northern perspectives on order, purity and normality* (Palgrave Macmillan, 2012).

[105] Gweler Alastair Pennycook, *Language and Mobility: Unexpected Places* (Bristol: Multilingual Matters, 2012); Jan Blommaert, *The Sociolinguistics of Globalization* (Cambridge: Cambridge University Press, 2010); a Monica Heller, 'Language and (Dis)Citizenship in Canada', *Journal of Language, Identity and Education*, 12/3, tt. 189–92.

[106] Sue Wright, 'What is language? A response to Philippe van Parijs', *Critical Review of International Social and Political Philosophy*, 18/2 (2015), t. 126.

[107] Jan Blommaert, 'Citizenship, Language, and Superdiversity: Towards Complexity', *Journal of Language, Identity & Education*, 12/3 (2014), tt. 193–6.

[108] Ned Thomas, 'Yr ethnig, y sifig a'r gymuned ieithyddol wedi datganoli', yn Simon Brooks a Glyn Roberts (goln), *Pa Beth Aethoch Allan i'w Achub? Ysgrifau i gynorthwyo'r gwrthsafiad yn erbyn dadfeiliad y Gymru Gymraeg* (Llanrwst: Gwasg Carreg Gwalch, 2014), t. 231.

[109] Blommaert, 'Citizenship, Language, and Superdiversity: Towards Complexity'.

[110] Teresa McCarty, yn McCarty (gol.), *Ethnography and Language Policy*, t. 2.

[111] Nancy. H. Hornberger a David Cassels Johnson, 'Slicing the onion ethnographically: Layers and spaces in multilingual language education policy and practice', *TESOL Quarterly*, 41/3 (2007), tt. 509–32.

[112] Micheline Labelle a François Rocher, 'People who live in a glass house . . . Citizenship and national identity in Canada and Québec', yn John MacInnes a David McCrone (goln), *Stateless Nations in the 21st Century: Scotland, Catalonia and Québec* (Edinburgh: Edinburgh University Press, 2001), t. 74.

[113] Daniel G. Williams, 'Ynghylch Amlddiwylliannaeth', 2016 [ar-lein] *https://nationtimecymrusydd.wordpress.com/2016/04/15/ynghylch-amlddiwylliannaeth/* (cyrchwyd ar 21 Mehefin 2019).

[114] Catrin Wyn Edwards, 'Cyd-fyw, cyd-greu; gwersi o Québec a Chatalwnia: Lleiafrifoedd, mewnfudo a chydlyniad cymdeithasol', *O'r Pedwar Gwynt*, 22 Gorffennaf 2017 [ar-lein] *https://pedwargwynt.cymru/dadansoddi/ gol/ cyd-fyw-a-chyd-greu* (cyrchwyd ar 9 Mawrth 2019).

3 *Llunio darpariaeth Gymreig i fewnfudwyr*

[1] BBC, 'Apology over "insults" to English', 2001 [ar-lein] *http://news.bbc.co.uk/1/hi/wales/1123782.stm* (cyrchwyd ar 21 Mehefin 2019).

[2] Simon Brooks, *Yr hawl i oroesi* (Llanrwst: Gwasg Carreg Gwalch, 2009).

[3] Lev Vygotsky, *Mind in society* (Cambridge: Cambridge University Press, 1978), a Jerome S. Bruner, *The Culture of Education* (Cambridge, MA: Harvard University Press, 1996).

[4] Llywodraeth Cymru, 'Canllaw i Gwricwlwm i Gymru 2022' (Caerdydd: Llywodraeth Cymru, 2019).

[5] Joan Pujolar a Maite Puigdevall, 'Linguistic Mudes: How to become a new speaker in Catalonia', *International Journal of the Sociology of Language*, 231 (2015), tt. 167–87.

[6] Mae damcaniaethwyr megis Roger Brubaker wedi awgrymu bod y rhaniad rhwng yr ethnig a'r sifig yn gamarweiniol ac yn broblematig gan fod nodweddion ethnig a sifig yn perthyn i genedlaetholdeb a dinasyddiaeth. Gweler Roger Brubaker, 'Myths and Misconceptions in the Study of Nationalism', yn John. A. Hall (gol.), *The State of the Nation: Ernest Gellner and the Theory of Nationalism* (Cambridge: Cambridge University Press, 1998), tt. 272–306; a Roger Brubaker, 'The Manichean Myth: Rethinking the Distinction Between 'Civic' and'Ethnic' Nationalism', yn Hanspeter Kriesi (gol.), *Nation and National Identity: The European Experience in Perspective* (Zürich: Rüegger, 1999), tt. 55–71.

[7] Joan Pujolar, 'Immigration and language education in Catalonia: Between national and social agendas' *Linguistics and Education*, 21 (2010), tt. 229–43.

[8] Pujolar, 'Immigration and language education in Catalonia', t. 236.

[9] Michel Pagé, 'Propositions pour une approche dynamique de la situation du français dans l'espace linguistique québécois', yn Pierre Georgeault a Michel Pagé (goln), *Le français, langue de la diversité québécoise, Une reflexion pluridisciplinaire* (Montréal: Québec Amerique, 2006), tt. 27–76.

[10] Alison Phipps, 'Voicing solidarity: linguistic hospitality and post-structuralism in the real world', *Applied Linguistics*, 33/5 (2012), tt. 582–602.

11 Noder bod yr unigolyn hwn wedi mewnfudo i Loegr yn gyntaf cyn dod i Gymru.

12 Bourdieu, *Ce que parler veut dire.*

13 Barry, *Culture and Equality*, tt. 106–7.

14 Mary Hamilton ac Yvonne Hillier, 'ESOL policy and change' *Language Issues*, 20/1 (2009), t. 8.

15 Pujolar, 'Immigration and language education in Catalonia', t. 236

16 Llywodraeth Cymru, 'Professional teaching standards for the further education and work-based learning sectors in Wales: engagement survey, summary of responses' (Caerdydd: Llywodraeth Cymru, 2017).

17 Llywodraeth Cymru, 'Polisi Saesneg ar gyfer Siaradwyr Ieithoedd Eraill (ESOL)', 2018

18 David Miller, 'Wil Kymlicka on Multicultural Citizenship in Multination States: a Response' *Ethnicities*, 11 (2011), tt. 303–7.

19 Dina Kiwan, '"National" citizenship in the UK? Education and naturalization policies in the context of internal division' *Ethnicities*, 11/3 (2011), tt. 269–80.

20 Charlotte Selleck, 'A Comparative Ethnographic Study of Students' Experiences and Perceptions of Language Ideologies in Bilingual Welsh/English Education: Inclusive Policy and Exclusionary Practice' (traethawd PhD heb ei gyhoeddi, Prifysgol Caerdydd, Caerdydd, 2012), t. 165.

21 Mae'r term 'trawsieithu' a fathwyd yng Nghymru (Lewis et al., 2012) yn wreiddiol yn canolbwyntio ar ddatblygu sgiliau dwyieithog disgyblion ysgol yng Nghymru i dderbyn gwybodaeth mewn un iaith a'i throsglwyddo mewn iaith arall. Mae *translanguaging* yn broses aml-gyfeiriadol sydd yn pwysleisio bod gan unigolion ystod neu *repertoires* ieithyddol. Anogir unigolion i ddefnyddio'r ystod o ieithoedd ac ieithwedd sydd ganddynt er mwyn datblygu gwybodaeth newydd.

22 Gweler Kymlicka, 'Multicultural citizenship within multination states', a May, *Language and minority rights.*

23 Valérie Amireault a Denise Lussier, 'Représentations culturelles, expériences d'apprentissage du français et motivations des immigrants adultes en lien avec leur intégration à la société québécoise' yn *Langues et Sociétés*, 45 (Montréal: Office québécois de la langue française, 2008) [ar-lein] *https://www.oqlf.gouv.qc.ca/ressources/sociolinguistique/note_recherche/langues_societes_numero45.pdf* (cyrchwyd ar 8 Mawrth 2019).

24 Michela Claudie Ralatatiana, 'Trajectoires langagières de femmes immigrantes au Québec: étude qualitative auprès de femmes inscrites en francisation' (traethawd PhD heb ei gyhoeddi, Université de Sherbrooke, Sherbrooke, 2015).

[25] Yn sgil pwerau rhannol Québec dros fewnfudo, mae mewnfudwyr sydd yn ymgeisio i ymgartrefu yno yn cael eu hysbysu am swyddogaeth yr iaith Ffrangeg ac yn cael cynnig cyrsiau Ffrangeg ar-lein cyn symud i Québec. Nodir serch hynny bod mwyafrif o fewnfudwyr rhyngwladol i Québec yn cyrraedd taleithiau eraill Canada yn gyntaf, cyn symud i Québec.

[26] Gweler adroddiad gan Gyngor Ffoaduriaid Cymru ar sail ystadegau Cyfrifiad 2011 ac Arolwg Teithwyr Rhyngwladol gan y Swyddfa Ystadegau Wladol: Cyngor Ffoaduriaid Cymru, 'Migration Trends Report: Migration Flows and Population Trends in Wales', 2017 [ar-lein] *https://welshrefugeecouncil.org/sites/default/files/msiw/pdf/MSiW%20 Migration_Flows_Population_Trends.pdf* (cyrchwyd ar 8 Mawrth 2019).

[27] Michela Claudie Ralalatiana, Godelieve Debeurme a Michèle Vatz-Laaroussi, 'Trajectoire langagière et maintien en apprentissage des femmes immigrantes: francisation au Québec', yn Patricia Alen ac Altay Manço (goln), *Appropriation du français par les migrants: rôles des actions culturelles* (Paris: Editions L'Harmattan, 2012), tt. 97–114.

[28] Jerome S. Bruner, *The Culture of Education*.

[29] Etienne Wenger, *Communities of Practice: Learning, Meaning and Identity* (New York: Cambridge University Press, 1999), t. 276.

[30] Ofelia Garcia a Li Wei, *Translanguaging: Language, Bilingualism and Education* (Basingstoke: Palgrave Pivot, 2014), t. 21.

[31] Garcia a Wei, *Translanguaging*, t. 21.

[32] Wenger, *Communities of Practice*.

[33] Wenger, *Communities of Practice*, t. 156.

[34] Michèle Vatz-Laaroussi, 'Mobilités, réseaux et résilience: le cas des familles immigrantes et réfugiées au Québec' (Québec: Presses de l'Université du Québec, 2009).

[35] Wenger, *Communities of Practice*, t. 157.

[36] Richard Crowe, *Yr Wlpan yn Israel* (Aberystwyth: Canolfan Ymchwil Cymraeg i Oedolion, 1988).

[37] Gwennan Higham, 'Rapport intermédiaire sur le stage de recherche sur la situation de langues qui, comme le français au Québec, sont exposées à la concurrence d'autres langues'. Adroddiad ymchwil ar gyfer y Conseil supérieur de la langue française, 2015.

[38] Lynda Pritchard Newcombe, *Social context and fluency in L2 learners: The case of Wales* (Clevedon: Multilingual Matters, 2007).

[39] Irish Times, 'Radio documentary follows foreigners learning Irish', 2014 [ar-lein] *http://www.irishtimes.com/culture/treibh/radio-documentary-follows-foreigners-learning-irish-1.1853989* (cyrchwyd ar 8 Mawrth 2019).

[40] Kymlicka, 'Multicultural citizenship within multination states', t. 291.

41 Williams, '"Can we live together?": Wales and the Multicultural Question', tt. 223–4.
42 Terry Roslyn Threadgold, Sadie Clifford, Abdi Arwo, Vanessa Powell, Zahera Harb, Xinyi Jiang, a John Jewell, 'Immigration and inclusion in South Wales' (Cardiff: Joseph Rowntree Foundation, 2008).
43 Jonathan Scourfield a Andrew Davies, 'Children's accounts of Wales as racialised and inclusive', *Ethnicities*, 5/1 (2008), tt. 83–107.
44 Phipps, 'Voicing solidarity'.
45 Charlotte Williams, 'Experiencing Rural Wales', yn Charlotte Williams, Neil Evans a Paul O'Leary (goln), *A Tolerant Nation?: Exploring Ethnic Diversity in Wales* (Cardiff: University of Wales Press, 2015), t. 270.
46 Ingrid Piller, 'Who, if anyone, is a native speaker?' *Anglistik. Mitteilungen Des Verbandes Deutscher Anglisten*, 12/2 (2001), tt. 109–21; Josep Soler, 'The Anonymity of Catalan and the Authenticity of Estonian: two paths for the development of medium-sized languages', *International Journal of Bilingual Education and Bilingualism*, 16/2 (2012), tt. 153–63.
47 Simon Brooks a Richard Glyn Roberts, 'Pwy yw'r Cymry? Hanes enw', yn Brooks a Glyn Roberts (goln), *Pa Beth Aethoch Allan i'w Achub?*, t. 37.
48 Heller, 'Language and (Dis)Citizenship in Canada'.
49 Patricia Lamarre, 'Catching "Montreal on the Move" and Challenging the Discourse of Unilingualism in Québec', *Anthropologica*, 55/1 (2012), tt. 41–56.
50 Brubaker, 'The Manichean Myth: Rethinking the Distinction Between "Civic" and "Ethnic" Nationalism'.
51 Michel Foucault, *L'Histoire de la sexualité II: L'usage des plaisirs* (Paris: Éditions Gallimard, 1984).
52 Alastair Pennycook, *Critical Applied Linguistics: A Critical Introduction* (London: Routledge, 2001), t. 7.
53 Richard Kearney, *The Wake of Imagination* (Abingdon: Routledge, 1988).
54 Michel Pagé, 'Politiques d'intégration et cohésion sociale' (Québec: Conseil supérieur de la langue française, 2011).
55 Anna Augustyniak a Gwennan Higham, 'Contesting sub-state integration policies: migrant new speakers as stakeholders in language regimes', *Language Policy* (2019) [ar-lein] *https://doi.org/10.1007/s10993-019-09517-0*.
56 Verena Wisthaler a Heidi Öst, 'Minorities and Immigration: Frameworks of Exclusion and Inclusion in Åland and South Tyrol Compared', 2014 [ar-lein] *http://www.peace.ax/images/stories/pdf/Report_2_2014_online.pdf* (cyrchwyd ar 8 Mawrth 2019).
57 Simon Brooks, *Pam na fu Cymru: Methiant cenedlaetholdeb Cymreig* (Caerdydd: Gwasg Prifysgol Cymru, 2015), t. 130.

58 Bernadette O'Rourke a Joan Pujolar, 'New Speakers and processes of new speakerness across time and space', *Applied Linguistics Review*, 6/2 (2015), tt. 145–50.

59 Wenger, *Communities of Practice.*

60 Garcia a Wei, *Translanguaging.*

61 Gwennan Higham, 'Teaching Welsh to ESOL Students: issues of intercultural citizenship', yn David Mallows (gol.), *British Council Innovation Series: Language and Integration* (London: British Council, 2014).

62 Gweler, er enghraifft, Teresa McCarty, yn McCarty (gol.), *Ethnography and Language Policy*, t. 15; Nancy H. Hornberger, 'Frameworks and models in language policy and planning', yn Thomas Ricento (gol.), *An introduction to language policy: Theory and method* (Malden, MA: Blackwell; 2006), tt. 24–31; Lamarre, 'Catching "Montreal on the Move"', tt. 41–56.

63 Williams, *Minority Language Promotion, Protection and Regulation.*

64 Prifysgol Caerdydd, 'Cymraeg i ffoaduriaid a cheiswyr lloches', 2018 [ar-lein] *http://www.cardiff.ac.uk/cy/news/view/1115625-welsh-for-refugees-and-asylum-seekers* (cyrchwyd ar 8 Mawrth 2019).

65 Lev Vygotsky, *Thought and language* (Cambridge, MA: MIT Press, 1986); a David Wood, Jerome S. Bruner a Gail Ross, 'The role of tutoring in problem solving', *Journal of Child Psychology and Psychiatry*, 17/2 (1976), tt. 89–100.

66 Ally Paget a Neil Stevenson, 'On Speaking Terms: Making ESOL Policy work better for migrants and wider society' (London: Demos, 2014) [ar-lein] *http://www.demos.co.uk/files/On_speaking_termsweb.pdf?1408395571* (cyrchwyd ar 8 Mawrth 2019).

67 Alex Stevenson, 'ESOL and Citizenship: The End of an Era?', 2015 *https://www.learningandwork.org.uk/2015/10/01/esol-and-citizenship-end-era/* (cyrchwyd ar 8 Mawrth 2019).

68 Gwennan Higham, 'Adroddiad ar fewnfudwyr a rôl yr iaith leiafrifol ym maes gofal iechyd a chymdeithasol: dadansoddiad damcaniaethol ac ymarferol', 2017 [ar-lein] *https://combiproject.eu/wp-content/uploads/combi-io1_overview_cym.pdf* (cyrchwyd ar 8 Mawrth 2019).

69 Diarmait Mac Giolla Chríost, Patrick Carlin, Sioned Davies, Tess Fitzpatrick, Anys Jones, Rachel Heath-Davies, Jennifer Marshall, Steve Morris, Adrian Price, Robert Vanderplank, Catherine Walter ac Alison Wray, 'Adnoddau, dulliau ac ymagweddau dysgu ac addysgu ym maes Cymraeg i Oedolion: astudiaeth ymchwil gynhwysfawr ac adolygiad beirniadol o'r ffordd ymlaen' (Caerdydd: Llywodraeth Cymru, 2012).

70 Heini Gruffudd a Steve Morris, 'Canolfannau Cymraeg a rhwydweithiau cymdeithasol oedolion sy'n dysgu'r Gymraeg: Ymdrechion i wrthdroi

shifft ieithyddol mewn cymunedau cymharol ddi-Gymraeg' (Abertawe: Prifysgol Abertawe, 2011).

71 Catrin Wyn Edwards, 'Cymunedau Iaith Lleiafrifol, Mewnfudo a Pholisïau iaith mewn addysg: Astudiaeth gymharol ryngwladol' (traethawd PhD wedi'i gyhoeddi, Prifysgol Aberystwyth, Aberystwyth, 2015).

72 Lucy V. Morrow, 'Nationalism, Ethnicity, and the Welsh Language: A study of minority ethno-linguistic identity in Cardiff' (traethawd MPhil heb ei gyhoeddi, Prifysgol Caerdydd, Caerdydd, 2011).

73 Kathryn Jones ac Arvind Bhatt, 'Welsh as an Additional Language: Research into the level of need and current support provided to black and minority ethnic pupils with Welsh language support needs' (Caerdydd: Llywodraeth Cymru, 2014).

74 Richard Bourhis, Nicole Carignan a Rana Sioufi, 'Acculturation et jumelage interculturel dans la formation à l'enseignement', yn Nicole Carignan, Myra Deraîche a Marie-Cécile Guillot (goln), *Jumelages interculturels: communication, inclusion et intégration* (Québec: Presses de l'Université du Québec, 2015), tt. 15–32.

75 Rhwng 2006 a 2015, roedd tri o bob pedwar mewnfudwr a ymgartrefodd yng Nghymru am flwyddyn neu fwy yn dod o'r tu allan i Brydain (Adroddiad gan Gyngor Ffoaduriaid Cymru, 2017, ar sail ystadegau Cyfrifiad 2011 ac Arolwg Teithwyr Rhyngwladol gan y Swyddfa Ystadegau Wladol): Cyngor Ffoaduriaid Cymru, 'Migration Trends Report: Migration Flows and Population Trends in Wales', 2017 [ar-lein] *https://welshrefugeecouncil.org/sites/default/files/msiw/pdf/MSiW%20Migration_Flows_Population_Trends.pdf* (cyrchwyd ar 8 Mawrth 2019).

76 Ray McDermott a Fred Erickson, 'A life with anthropology and education: Interviews with George and Louise Spindler', yn George Spindler (gol.), *Fifty years of anthropology and education 1950–2000* (Mahwah: Lawrence Erlbaum, 2000), t. 11.

77 Teresa McCarty, yn McCarty (gol.), *Ethnography and Language Policy*, t. 17.

Ôl-nodyn

1 Cyfeirir yma at gerdd Gymraeg o'r enw 'Hedyn' gan Kate Bosse-Griffiths, ffoadures o'r Almaen yn yr Ail Ryfel Byd, a ddaeth yn awdures Gymraeg. Fe'i cyhoeddwyd yn J. Gwyn Griffiths (gol.), *Teithiau'r Meddwl: Ysgrifau Llenyddol Kate Bosse-Griffiths* (Tal-y-bont: Lolfa, 2005). Mae'r gerdd yn disgrifio teimladau'r awdures am y daith emosiynol o adael yr Almaen a dod i fyw a bod yn rhan o fywyd Cymru. Disgrifir sut mae hyn wedi effeithio ar berchen ar wreiddiau mewn dwy wlad.

Llyfryddiaeth

Amireault, Valérie, a Denise Lussier, 'Représentations culturelles, expériences d'apprentissage du français et motivations des immigrants adultes en lien avec leur intégration à la société québécoise' yn Langues et Sociétés, 45 (Montréal: Office québécois de la langue française, 2008) [ar-lein] *https://www.oqlf.gouv.qc.ca/ressources/sociolinguistique/note_recherche/langues_societes_numero45.pdf* (cyrchwyd ar 8 Mawrth 2019).

Anderson, Benedict, *Imagined communities: Reflections on the origin and spread of nationalism* (New York: Verso Books, 2006).

Andrews, Rhys a Andrew Mycock, 'Citizenship Education in the UK: Divergence within a multi-national state', *Citizenship Teaching and Learning*, 3/1 (2007), tt. 73–88.

Antonsich, Marco, 'Interculturalism versus multiculturalism: The Cantle-Modood debate', *Ethnicities*, 16/3 (2016), tt. 470–93.

Aristotle, 'The Politics of Aristotle', cyfieithwyd gan Ernest Barker (London: Oxford University Press, 1941), tt. 1247–75.

Arnopoulos, Sheila. M. a Dominique Clift, *English Fact in Québec* (McGill: Queen's Press, 1984).

Augustyniak, Anna a Gwennan Higham, 'Contesting sub-state integration policies: migrant new speakers as stakeholders in language regimes', *Language Policy* (2019) [ar-lein] *https://doi.org/10.1007/s10993-019-09517-0* (cyrchwyd ar 12 Mawrth 2019).

Barry, Brian, *Culture and Equality: An Egalitarian Critique of Multiculturalism* (Cambridge: Harvard University Press, 2001).

BBC, 'Apology over "insults" to English', 2001 [ar-lein] *http://news.bbc.co.uk/1/hi/wales/1123782.stm* (cyrchwyd ar 21 Mehefin 2019).

—, 'UK should set date for everyone to speak English, says Casey', 2018 [ar-lein] *https://www.bbc.co.uk/news/uk-politics-43370514* (cyrchwyd ar 12 Mawrth 2018).

Blommaert, Jan, *The Sociolinguistics of Globalization* (Cambridge: Cambridge University Press, 2010).

—, Sirpa Leppänen, Päivi Pahta, a Tiina Räisänen (goln), *Dangerous multilingualism: Northern perspectives on order, purity and normality* (Basingstoke: Palgrave Macmillan, 2012).

—, 'Citizenship, Language, and Superdiversity: Towards Complexity', *Journal of Language, Identity & Education*, 12/3 (2014), tt. 193–6.

Blunkett, David, 'Towards a Civil Society', 2003, *IPPR* [ar-lein] *http://www.ippr.org/files/images/media/files/publication/2011/05/templblunkett_1289.pdf?noredirect=1* (cyrchwyd ar 7 Mawrth 2019).

Bouchard, Gérard, *Interculturalisme: d'un point de vue québécois* (Montréal: Éditions Boréalt, 2012).

Bourdieu, Pierre, *Ce que parler veut dire: L'économie des échanges linguistiques* (Paris: Arthème Fayard, 1982).

Bourhis, Richard, Nicole Carignan a Rana Sioufi, 'Acculturation et jumelage interculturel dans la formation à l'enseignement', yn Nicole Carignan, Myra Deraîche a Marie-Cécile Guillot (goln), *Jumelages interculturels: communication, inclusion et intégration* (Québec: Presses de l'Université du Québec, 2015). tt. 15–32.

Brooks, Simon, *Yr hawl i oroesi* (Llanrwst: Gwasg Carreg Gwalch, 2009).

— a Richard Glyn Roberts, 'Pwy yw'r Cymry? Hanes enw', yn Simon Brooks a Richard Glyn Roberts (goln), *Pa Beth Aethoch Allan i'w Achub? Ysgrifau i gynorthwyo'r gwrthsafiad yn erbyn dadfeiliad y Gymru Gymraeg* (Llanrwst: Gwasg Carreg Gwalch, 2014), tt. 23–40.

— a —, *Pa Beth Aethoch Allan i'w Achub? Ysgrifau i gynorthwyo'r gwrthsafiad yn erbyn dadfeiliad y Gymru Gymraeg* (Llanrwst: Gwasg Carreg Gwalch, 2014).

—, 'Twf cenedlaetholdeb Seisnig – cyfaill ta gelyn?', *Sefydliad Materion Cymreig*, 2014 [ar-lein] *https://www.iwa.wales/wp-content/uploads/2016/01/darlith-yr-eisteddfod-6.pdf* (cyrchwyd ar 8 Mawrth 2019).

—, *Pam na fu Cymru: Methiant Cenedlaetholdeb Cymreig* (Caerdydd: Gwasg Prifysgol Cymru, 2015).

Brooks, Thomas, 'The British Citizenship Test: The Case for Reform', *The Political Quarterly*, 83/3 (2012), tt. 560–6.

Brubaker, Roger, 'Myths and Misconceptions in the Study of Nationalism', yn John. A. Hall (gol.), *The State of the Nation:Ernest Gellner and the Theory of Nationalism* (Cambridge: Cambridge University Press, 1998), tt. 272–306.

—, 'The Manichean Myth: Rethinking the Distinction Between "Civic" and "Ethnic" Nationalism', yn Hanspeter Kriesi (gol.), *Nation and National Identity: The European Experience in Perspective* (Zürich: Rüegger, 1999), tt. 55–71.

Bruner, Jerome S., *The Culture of Education* (Cambridge, MA: Harvard University Press, 1996).

Bullivant, Brian M., *The pluralist dilemma in education: Six case studies* (Sydney: Allen & Unwin, 1981).

Canagarajah, Suresh, 'Ethnographic methods in language policy', yn Thomas Ricento, *An introduction to language policy: Theory and method* (Malden, MA: Blackwell, 2006), tt. 153–69.

Cantle, Ted, 'Community Cohesion: A report of the independant review team', 2001, Swyddfa Gartref [ar-lein] *http://www.tedcantle.co.uk/publications/001%20Cantle%20Report%20CCRT%202001.pdf* (cyrchwyd ar 8 Mawrth 2019).

—, *Interculturalism: The new era of cohesion and diversity* (Basingstoke: Palgrave Macmillan, 2011).

Cassidy, Kathryn, Perla Innocenti a Hans-Joachim Bürkner, 'Brexit and new autochthonic politics of belonging', *Space and Polity*, 22/2 (2018), tt. 188–204.

Castles, Steven ac Alastair Davidson, *Citizenship and Migration: Globalization and the Polictics of Belonging* (London: Macmillan Press, 2000).

Centre of Dynamics and Ethnicity, 'Who feels British?', 2013 [ar-lein] *http://hummedia.manchester.ac.uk/institutes/code/briefingsupdated/who-feels-british.pdf* (cyrchwyd ar 7 Mawrth 2019).

Chomsky, Noam, *Language and Responsibility* (Brighton: Harvester Press, 1979).

Conseil supérieur de la langue française, 'Redynamiser la politique linguistique du Québec' (Québec: Gouvernement du Québec, 2012).

Corbeil, Jean-Pierre a René Houle, 'Trajectoires linguistiques et langue d'usage public chez les allophones de la région métropolitaine de Montréal' (Montréal: Office québécois de la langue française, 2013).

Crowe, Richard, *Yr Wlpan yn Israel* (Aberystwyth: Canolfan Ymchwil Cymraeg i Oedolion, 1988).

Cyngor Ewrop, 'European Charter for Regional or Minority Languages', 1992 [ar-lein] *http://www.coe.int/en/web/conventions/full-list/-/conventions/treaty/148* (cyrchwyd ar 14 Medi 2013).

—, 'Framework Convention for the Protection of National Minorities', 1995 [ar-lein] *https://www.coe.int/t/dghl/monitoring/minorities/1_AtGlance/PDF_H%2895%2910_FCNM_ExplanReport_en.pdf* (cyrchwyd ar 12 Hydref 2015).

—, 'Living Together – Combining Diversity and Freedom in 21st Century Europe', (Strasbourg: Cyngor Ewrop, 2011).

Cyngor Ffoaduriaid Cymru, 'Migration Trends Report: Migration Flows and Population Trends in Wales', 2017 [ar-lein] *https://welshrefugeecouncil.org/sites/default/files/msiw/pdf/MSiW%20Migration_Flows_Population_Trends.pdf* (cyrchwyd ar 8 Mawrth 2019).

Cyngor Sir Gaerfyrddin, 'Croeso i Gymru, Croeso i Sir Gâr, Croeso i'r Gymraeg', 2018 [ar-lein] *https://www.carmarthenshire.gov.wales/media/1216436/welcome-pack.pdf* (cyrchwyd ar 7 Mawrth 2019).

Cynulliad Cenedlaethol Cymru, 'Mesur y Gymraeg 2011', 2011 [ar-lein] *http://www.legislation.gov.uk/mwa/2011/1/pdfs/mwa_20110001_we.pdf* (cyrchwyd ar 7 Mawrth 2019).

De Saussure, Ferdinand, *Cours de linguistique générale* (Wiesbaden: Otto Harrassowitz Verlag, 1967).

Devlin, Richard and Dianne Pothier, 'Introduction: Toward a critical theory of dis-citizenship', *Critical disability theory: Essays in philosophy, politics, policy, and law* (Vancouver: UBC Press, 2006), tt. 1–22.

Edwards, Catrin Wyn, 'Cyd-fyw, cyd-greu – gwersi o Québec a Chatalwnia; Lleiafrifoedd, mewnfudo a chydlyniad cymdeithasol', O'r Pedwar Gwynt, 22 Gorffennaf 2017 [ar-lein] *https://pedwargwynt.cymru/dadansoddi/gol/cyd-fyw-a-chyd-greu* (cyrchwyd ar 9 Mawrth 2019).

Evas, Jeremy, 'Rhwystrau ar Lwybr Dwyieithrwydd' (traethawd PhD heb ei gyhoeddi, Prifysgol Caerdydd, Caerdydd, 1999).

Extra, Guus, Max Spotti a Piet Van Avermaet, 'Language Testing, Migration and Citizenship', *Journal of Ethnic and Migration Studies*, 36/5 (2009), tt. 753–72.

Faist, Thomas, 'Diversity – a new mode of incorporation?' *Ethnic and Racial Studies*, 32/1 (2009), tt. 171–90.

Fishman, Joshua, *Reversing Language Shift: Theoretical and empirical foundations of assistance to threatened languages* (Clevedon: Multilingual Matters, 1991).

Fortier, Anne-Marie, 'On (Not) Speaking English: Colonial Legacies in Language Requirements for British Citizenship', Sociology, 52/6 (2017), tt. 1254–69.

Foucault, Michel, *L'Histoire de la sexualité II: L'usage des plaisirs* (Paris: Éditions Gallimard, 1984).

Gagnon, Alain G. a Raffaele Iacovino, *Federalism, Citizenship and Québec: Debating multinationalism* (Toronto: University of Toronto Press, 2007).

Garcia, Ofelia a Li Wei, *Translanguaging: Language, Bilingualism and Education* (Basingstoke: Palgrave Pivot, 2014).

Georgeault, Pierre, 'Langue et diversité: un défi à relever', yn Pierre Georgeault a Michel Pagé (goln), *Le français, langue de la diversité québécoise: Une reflexion pluridisciplinaire* (Montréal: Québec Amerique, 2006).

Globe and Mail, 'The 'Smiling Buddha' and his multicultural charms', 2010 [ar-lein] *https://www.theglobeandmail.com/news/politics/the-smiling-buddha-and-his-multicultural-charms/article4388303/* (cyrchwyd ar 22 Gorffennaf 2019).

Gruffudd, Heini a Steve Morris, 'Canolfannau Cymraeg a rhwydweithiau cymdeithasol oedolion sy'n dysgu'r Gymraeg: Ymdrechion i wrthdroi shifft ieithyddol mewn cymunedau cymharol ddi-Gymraeg' (Abertawe: Prifysgol Abertawe, 2011).

Hamilton, Mary a Yvonne Hillier, 'ESOL policy and change', *Language Issues*, 20/1 (2009), tt. 4–18.

Hammar, Tomas, *Democracy and the nation state: Aliens, denizens and citizens in the world of international migration* (Aldershot: Avebury, 1990).

Heller, Monica, 'Language and (Dis)Citizenship in Canada', *Journal of Language, Identity and Education*, 12/3 (2013), tt. 189–92.

Herder, Johann Gottfried, *Ideen zur Philosophie der Geschichte der Menschheit: Zweiter Theil* (Riga und Leipzig: Johann Friedrich Hartsnoch, 1785).

Higham, Gwennan, 'Teaching Welsh to ESOL Students: issues of intercultural citizenship', yn David Mallows (gol.), *British Council Innovation Series: Language and Integration* (London: British Council, 2014), tt. 111–22.

—, 'Rapport intermédiaire sur le stage de recherche sur la situation de langues qui, comme le français au Québec, sont exposées à la concurrence d'autres langues', adroddiad ymchwil ar gyfer y *Conseil supérieur de la langue française*, 2015.

—, 'Adroddiad ar fewnfudwyr a rôl yr iaith leiafrifol ym maes gofal iechyd a chymdeithasol: dadansoddiad damcaniaethol ac ymarferol', 2017 [ar-lein] *https://combiproject.eu/wp-content/uploads/combi-io1_overview_cym.pdf* (cyrchwyd ar 8 Mawrth 2019).

Hornberger, Nancy H., 'Frameworks and models in language policy and planning', yn Thomas Ricento (gol.), *An introduction to language policy: Theory and method* (Malden, MA: Blackwell; 2006), tt. 24–31.

—, a David Cassels Johnson, 'Slicing the onion ethnographically: Layers and spaces in multilingual language education policy and practice', *TESOL Quarterly*, 41/3 (2007), tt. 509–32.

Hussain, Asifa a William Miller, *Multicultural Nationalism: Islamophobia, Anglophobia, and Devolution* (Oxford: Oxford University Press, 2006).

Independent, 'Cameron: My war on multiculturalism, 2011 [ar-lein] *https://www.independent.co.uk/news/uk/politics/cameron-my-war-on-multiculturalism-2205074.html* (cyrchwyd ar 21 Mehefin 2019).

—, 'Brexit: People voted to leave EU because they feared immigration, major survey finds', 2017 [ar-lein] *https://www.independent.co.uk/news/uk/home-news/brexit-latest-news-leave-eu-immigration-main-reason-european-union-survey-a7811651.html* (cyrchwyd ar 21 Mehefin 2019).

—, 'Britain to hold post-Brexit festival celebrating culture, sport and innovation, Theresa May announces', 2018 [ar-lein] *https://www.independent.co.uk/news/uk/politics/brexit-latest-theresa-may-the-festival-culture-innovation-sport-great-exhibition-queen-victoria-a8561021.html* (cyrchwyd ar 7 Mawrth 2019).

Irish Times, 'Radio documentary follows foreigners learning Irish', 2014 [ar-lein] *http://www.irishtimes.com/culture/treibh/radio-documentary-follows-foreigners-learning-irish-1.1853989* (cyrchwyd ar 8 Mawrth 2019).

Jones, Hywel, 'Poblogaeth Cymru'n Newid', 2015 [ar-lein] *http://www.bbc.co.uk/cymrufyw/34260651* (cyrchwyd ar 7 Mawrth 2019).

Jones, Kathryn ac Arvind Bhatt, 'Welsh as an Additional Language: Research into the level of need and current support provided to black and minority ethnic pupils with Welsh language support needs' (Caerdydd: Llywodraeth Cymru, 2014).

Joppke, Christian, 'Beyond national models: Civic integration policies for immigrants in Western Europe', *West European Politics*, 30/1 (2007), tt. 1–22.

Kearney, Richard, *The Wake of Imagination* (Abingdon: Routledge, 1988).

Kiwan, Dina, 'Becoming a British citizen: A learning journey' (London: Ministry of Justice, 2007).

—, '"National" citizenship in the UK? Education and naturalization policies in the context of internal division', *Ethnicities*, 11/3 (2011), tt. 269–80.

Kristeva, Julia, *Nations without Nationalism* (New York: Columbia University Press, 1993).

Kymlicka, Wil, *Multicultural Citizenship* (Oxford: Oxford University Press, 1995).

—, yn Kymlicka, Wil, a Wayne Norman (goln), *Citizenship in diverse societies* (Oxford: Oxford University Press, 2000).

—, 'Intercultural Citizens in Multicultural States'; *Theory and Research in Education*, 1/2 (2003), tt. 147–69.

—, *Multicultural Odysseys* (Oxford: Oxford University Press, 2007).

—, 'The evolving Canadian experiment with multiculturalism' (traddodwyd yn Symposium international sur l'interculturalisme: Dialogue Québec-Europe, Montréal, 25–7 Mai 2011).
—, 'Multicultural citizenship within multination states', *Ethnicities*, 11/3 (2011), tt. 281–302.
—, 'Multiculturalism; Success, Fail and Future', Migration Policy Institute (2012) [ar-lein] *http://www.migrationpolicy.org/pubs/multiculturalism.pdf* (cyrchwyd ar 13 Mai 2013).
Labelle, Micheline a François Rocher, 'People who live in a glass house . . . Citizenship and national identity in Canada and Québec', yn John MacInnes a David McCrone (goln), *Stateless Nations in the 21st Century: Scotland, Catalonia and Québec* (Edinburgh: Edinburgh University Press, 2001), tt. 65–77.
Lamarre, Patricia, 'Catching "Montréal on the Move" and Challenging the Discourse of Unilingualism in Québec', *Anthropologica*, 55/1 (2012), tt. 41–56.
Levine, Mark, *The Reconquest of Montréal* (Philadelphia: Temple University Press, 1991).
Lewis, Huw, 'Rhyddfrydiaeth ac Adferiad Iaith' (traethawd PhD heb ei gyhoeddi, Prifysgol Aberystwyth, Aberystwyth, 2009).
Liberal Party, 'Statement by Liberal Party of Canada Leader Justin Trudeau on the anniversary of multiculturalism', 2015 [ar-lein] *https://www.liberal.ca/statement-by-liberal-party-of-canada-leader-justin-trudeau-on-the-anniversary-of-multiculturalism/* (cyrchwyd ar 9 Ionawr 2016).
Llywodraeth Cymru, 'Cymru'n Cyd-dynnu: Strategaeth Cydlyniant Cymunedol Cymru' (Caerdydd: Llywodraeth Cymru, 2009).
—, 'Understanding Wales' (Cardiff: Welsh Government, 2010).
—, 'Strategaeth Cynnwys Ffoaduriaid' (Caerdydd: Llywodraeth Cymru, 2013).
—, 'Cydlyniant Cymunedol: Cynllun Cyflawni Cenedlaethol 2014–16' (Caerdydd: Llywodraeth Cymru, 2014).
—, 'Polisi Saesneg ar gyfer Siaradwyr Ieithoedd Eraill (ESOL) yng Nghymru' (Caerdydd: Llywodraeth Cymru, 2014).
—, 'A welcome guide to Wales' (Cardiff: Welsh Government, 2015).
—, 'Cymraeg 2050: Miliwn o siaradwyr' (Caerdydd: Llywodraeth Cymru, 2017).
—, 'Professional teaching standards for the further education and work-based learning sectors in Wales: engagement survey, summary of responses' (Caerdydd: Llywodraeth Cymru, 2017).
—, 'Polisi Saesneg ar gyfer Siaradwyr Ieithoedd Eraill (ESOL) yng Nghymru' (Caerdydd: Llywodraeth Cymru, 2019).

—, 'Cenedl Noddfa: Cynllun Ffoaduriaid a Cheiswyr Lloches' (Caerdydd: Llywodraeth Cymru, 2019).

Llywodraeth y Deyrnas Unedig, 'Extremism: PM speech. Ninestiles School' Birmingham, 20 Gorffennaf 2015 [ar-lein] *https://www.gov.uk/government/speeches/extremism-pm-speech* (cyrchwyd ar 7 Mawrth 2019).

Llywodraeth yr Alban, 'New Scots: refugee integration strategy 2018 to 2022' (Edinburgh: Scottish Government, 2018).

Lord Goldsmith, 'Citizenship: our common bond' Citizenship review (London: Ministry of Justice, 2008) [ar-lein] *http://image.guardian.co.uk/sys-files/Politics/documents/2008/03/11/citizenship-report-full.pdf* (cyrchwyd ar 7 Mawrth 2019).

Loring, Ariel a Vaidehi Ramanathan (goln), *Language, immigration and naturalization: Legal and linguistic issues* (Bristol: Multilingual Matters, 2016).

May, Steven, *Language and Minority Rights* (New York: Routledge, 2012).

Mac Giolla Chríost, Diarmait, Patrick Carlin, Sioned Davies, Tess Fitzpatrick, Anys Jones, Rachel Heath-Davies, Jennifer Marshall, Steve Morris, Adrian Price, Robert Vanderplank, Catherine Walter ac Alison Wray, 'Adnoddau, dulliau ac ymagweddau dysgu ac addysgu ym maes Cymraeg i Oedolion: astudiaeth ymchwil gynhwysfawr ac adolygiad beirniadol o'r ffordd ymlaen' (Caerdydd: Llywodraeth Cymru, 2012).

McCarty, Teresa (gol.), *Ethnography and Language Policy* (New York: Routledge, 2011).

McDermott, Ray a Fred Erickson, 'A life with anthropology and education: Interviews with George and Louise Spindler', yn George Spindler (gol.), *Fifty years of anthropology and education 1950–2000* (Mahwah: Lawrence Erlbaum, 2000).

McGhee, David, 'The paths to citizenship: a critical examination of immigration policy in Britain since 2001', *Patterns of Prejudice*, 43/1 (2008), tt. 41–64.

—, *The end of Multiculturalism? Terrorism, Integration and Human Rights* (Maidenhead: Open University Press, 2008).

Mill, John Stuart, *Utilitarianism, Liberty & Representative Government* (Maryland: Wildside Press LLC, 2007).

Miller, David, 'Wil Kymlicka on Multicultural Citizenship in Multination States: a Response', *Ethnicities*, 11 (2011), tt. 303–7.

Modood, Tariq, 'New Forms of Britishness: Post-Immigration Ethnicity and Hybridity in Britain', yn Rosemarie Sackmann, Bernhard

Peters a Thomas Faist (goln), *Identity and Integration: Migrants in Western Europe* (Aldershot: Ashgate, 2003).

—, a Nasar Meer, 'The Multicultural State We're In: Muslims, "Multiculture" and the "Civic Re-balancing" of British Multiculturalism', *Political Studies*, 57 (2009), tt. 473–97.

— a —, 'Multicultural Citizenship in Europe: The States We Are In', EMILIE Workshop – Migration and Diversity Challenges in Europe, 24 Medi 2009, Berlin, Yr Almaen (Glasgow: University of Strathclyde Glasgow, 2009).

— a —, 'Interculturalism, Multiculturalism or Both?' yn *Political Insight Magazine* [ar-lein] *http://onlinelibrary.wiley.com/doi/10.1111/j.2041-9066.2012.00097.x/full* (cyrchwyd ar 12 Rhagfyr 2013).

Morrow, Lucy V., 'Nationalism, Ethnicity, and the Welsh Language: A study of minority ethno-linguistic identity in Cardiff' (traethawd MPhil heb ei gyhoeddi, Prifysgol Caerdydd, Caerdydd, 2011).

Mühlhäusler, Peter, 'Language planning and language ecology', *Current Issues in Language Planning*, 1/3 (2010), tt. 306–67.

Newcombe, Lynda Pritchard, *Social context and fluency in L2 learners: The case of Wales* (Clevedon: Multilingual Matters, 2007).

Nussbaum, Martha a Amartya Sen (goln), *The quality of life* (Oxford: Clarendon Press, 1993).

O'Rourke, Bernadette a Joan Pujolar, 'New Speakers and processes of new speakerness across time and space', *Applied Linguistics Review*, 6/2 (2015), tt. 145–50.

Pagé, Michel, 'Propositions pour une approche dynamique de la situation du français dans l'espace linguistique québécois', yn Pierre Georgeault a Pagé Michel (goln), *Le français, langue de la diversité québécoise, Une reflexion pluridisciplinaire* (Montréal: Québec Amerique, 2006), tt. 27–76.

—, 'Politiques d'intégration et cohésion sociale' (Québec: Conseil supérieur de la langue française, 2011).

— a Patricia Lamarre, 'L'intégration linguistique des immigrants au Québec', IRPP [ar-lein] *http://irpp.org/fr/research-studies/lintegration-linguistique-des-immigrants-au-quebec/* (cyrchwyd ar 9 Mawrth 2019).

Paget, Ally a Neil Stevenson, 'On Speaking Terms: Making ESOL Policy work better for migrants and wider society' (London: Demos, 2014) [ar-lein] *http://www.demos.co.uk/files/On_speaking_termsweb.pdf?1408395571* (cyrchwyd ar 8 Mawrth 2019).

Parekh, Bhikhu, *Rethinking Multiculturalism* (Basingstoke: Palgrave Macmillan, 2000).

Pennycook, Alastair, *Critical Applied Linguistics: A Critical Introduction* (London: Routledge, 2001).

—, *Language and Mobility: Unexpected Places* (Bristol: Multilingual Matters, 2012).

Phipps, Alison, 'Voicing solidarity: linguistic hospitality and post-structuralism in the real world', *Applied Linguistics*, 33/5 (2012), tt. 582–602.

Piller, Ingrid, 'Who, if anyone, is a native speaker?', *Anglistik. Mitteilungen Des Verbandes Deutscher Anglisten*, 12/2 (2001), tt. 109–21.

Pinker, Steven, *The language instinct: The new science of language and mind* (London: Penguin UK, 1994).

Prifysgol Caerdydd, 'Cymraeg i ffoaduriaid a cheiswyr lloches', 2018 [ar-lein] *http://www.cardiff.ac.uk/cy/news/view/1115625-welsh-for-refugees-and-asylum-seekers* (cyrchwyd ar 8 Mawrth 2019).

Pujolar, Joan, 'Immigration and language education in Catalonia: Between national and social agendas', *Linguistics and Education*, 21 (2010), tt. 229–43.

—, a Maite Puigdevall, 'Linguistic Mudes : How to become a new speaker in Catalonia', *International Journal of the Sociology of Language*, 231 (2015), tt. 167–87.

Ralalatiana, Michela Claudie, Godelieve Debeurme a Michèle Vatz-Laaroussi, 'Trajectoire langagière et maintien en apprentissage des femmes immigrantes: francisation au Québec', yn Patricia Alen a Altay Manço (goln), *Appropriation du français par les migrants: rôles des actions culturelles* (Paris: Editions L'Harmattan, 2012), tt. 97–114.

—, 'Trajectoires langagières de femmes immigrantes au Québec: étude qualitative auprès de femmes inscrites en francisation' (traethawd PhD heb ei gyhoeddi, Université de Sherbrooke, Sherbrooke, 2015).

Ramanathan, Vaidehi (gol.), *Language Policies and (Dis)Citizenship: Rights, Access, Pedagogies* (Bristol: Multilingual Matters, 2013).

Rutter, Jill, *Moving Up and Getting On: Migration, integration and social cohesion in the UK* (Bristol: Policy Press, 2015).

Scourfield, Jonathan ac Andrew Davies, 'Children's accounts of Wales as racialised and inclusive', *Ethnicities*, 5/1 (2008), tt. 83–107.

Selleck, Charlotte, 'A Comparative Ethnographic Study of Students' Experiences and Perceptions of Language Ideologies in Bilingual Welsh/English Education: Inclusive Policy and Exclusionary Practice' (traethawd PhD heb ei gyhoeddi, Prifysgol Caerdydd, Caerdydd, 2012).

Sen, Amartya, *Development as Freedom* (Oxford: Oxford University Press, 1999).

Seymour, Michel, *La Nation en question* (Montréal: l'Hexagone, 1995).

Shepherd, Michael, 'A review of the evidence on health inequities and community cohesion with recommendations for strengthening the health assets approach', 2012 [ar-lein] *http://webcache.googleusercontent.com/search?q=cache:tITZ623XUKcJ:www2.nphs.wales.nhs.uk:8080/HealthServiceQDTDocs.nsf/%28%24All%29/6F07F269BD4E4CC680257A0E003A7554/%24File/Assets%2520report%2520final.doc%3FOpenElement+&cd=5&hl=en&ct=clnk&gl=uk* (cyrchwyd ar 8 Mawrth 2019).

Sheppard, Lisa, *Y Gymru 'Ddu' a'r Ddalen 'Wen': Aralledd ac Amlddiwylliannedd mewn Ffuglen Gymreig, er 1990* (Caerdydd: Gwasg Prifysgol Cymru, 2018).

Simpson, James, 'English language learning for adult migrants in superdiverse Britain', yn James Simpson ac Anne Whiteside (goln), *Adult Language Education and Migration*, tt. 202–3.

—, ac Anne Whiteside (goln), *Adult Language Education and Migration: Challenging agendas in policy and practice* (Abingdon: Routledge, 2015).

Soler, Josep, 'The Anonymity of Catalan and the Authenticity of Estonian: two paths for the development of medium-sized languages', *International Journal of Bilingual Education and Bilingualism*, 16/2 (2012), tt. 153–63.

Soroka, Stuart, Richard Johnston a Keith Banting, 'Ties that Bind? Social cohesion and diversity in Canada' [ar-lein] *http://irpp.org/wp-content/uploads/2006/12/soroka.pdf* (cyrchwyd ar 7 Mawrth 2019).

Stevenson, Alex, 'ESOL and Citizenship: The End of an Era?', 2015 [ar-lein] *https://www.learningandwork.org.uk/2015/10/01/esol-and-citizenship-end-era/* (cyrchwyd ar 8 Mawrth 2019).

Swyddfa Gartref, 'Secure Borders, Safe Haven: Integration with Diversity in Modern Britain', 2002 [ar-lein] *https://assets.publishing.service.gov.uk/government/uploads/system/uploads/attachment_data/file/250926/cm5387.pdf* (cyrchwyd ar 7 Mawrth 2019).

—, 'Nationality, Immigration and Asylum Act', 2002 [ar-lein] *http://www.legislation.gov.uk/cy/ukpga/2002/41/contents* (cyrchwyd ar 7 Mawrth 2019).

—, 'Prove your knowledge of English for citizenship and settling', 2015 [ar-lein] *https://www.gov.uk/english-language/approved-english-language-qualifications* (gwelwyd 7 Mawrth 2019).

—, 'Inspection report of hostile environment measures', 2016 [ar-lein] *https://www.gov.uk/government/publications/inspection-report-of-*

hostile-environment-measures-october-2016 (cyrchwyd ar 21 Mehefin 2019).

—, 'Home Secretary announces plans for citizenship reforms', 2018 [ar-lein] *https://www.gov.uk/government/news/home-secretary-announces-plans-for-citizenship-reforms* (cyrchwyd ar 12 Rhagfyr 2018).

Taylor, Charles, 'The Politics of Recognition', yn Amy Gutmann (gol.), *Multiculturalism and the Politics of Recognition* (Princeton: Princeton University Press, 1992), tt. 25–73.

—, 'Interculturalism or Multiculturalism?', *Philosophy Social Criticism*, 38 (2012), tt. 413–38.

Telegraph, 'David Cameron: migration threatens our way of life' [ar-lein] *http://www.telegraph.co.uk/news/uknews/immigration/8449324/David-Cameron-migration-threatens-our-way-of-life.html* (cyrchwyd ar 8 Mawrth 2019).

The Economist, 'In praise of multiculturalism', 2007 [ar-lein] *http://www.economist.com/node/9337695* (cyrchwyd ar 16 Rhagfyr 2013).

Thomas, Ned, 'Yr ethnig, y sifig a'r gymuned ieithyddol wedi datganoli', yn Simon Brooks a Glyn Roberts (goln), *Pa Beth Aethoch Allan i'w Achub? Ysgrifau i gynorthwyo'r gwrthsafiad yn erbyn dadfeiliad y Gymru Gymraeg* (Llanrwst: Gwasg Carreg Gwalch, 2014), tt. 212–33.

Threadgold, Terry Roslyn, Sadie Clifford, Abdi Arwo, Vanessa Powell, Zahera Harb, Xinyi Jiang, a John Jewell, 'Immigration and inclusion in South Wales' (Cardiff: Joseph Rowntree Foundation, 2008).

Trudeau, Pierre. E., 'Announcement of Implementation of Policy of Multiculturalism within Bilingual Framework; Dadl yn Nhŷ'r Cyffredin, Llywodraeth Ffederal Canada, 8 Hydref 1971. (Ailargraffwyd yng Ngwyddoniadur Alberta Online) [ar-lein] *http://www.abheritage.ca/albertans/speeches/trudeau.html* (cyrchwyd ar 7 Mawrth 2019).

Vatz-Laaroussi, Michèle, Mobilités, réseaux et résilience: le cas des familles immigrantes et réfugiées au Québec (Québec: Presses de l'Université du Québec, 2009).

Vertovec, Steven, 'Super-diversity and its Implications', *Ethnic and Racial Studies*, 30/6 (2007), tt. 1024–54.

— a Susanne Wessendorf, *The Multiculturalism Backlash* (London: Routledge, 2010).

Vygotsky, Lev, *Mind in Society* (Cambridge: Cambridge University Press, 1978).

—, *Thought and language* (Cambridge, MA: MIT Press, 1986).

Ward, Cynthia. V., 'The Limits of "Liberal Republicanism": Why group-based remedies and republican citizens don't mix', *Columbia Law Review*, 91/3 (1991), tt. 581–607.

Wenger, Etienne, *Communities of Practice: Learning, Meaning and Identity* (New York: Cambridge University Press, 1999).

Williams, Charlotte, '"Can we live together?": Wales and the Multicultural Question', *Transactions of the Honourable Society of Cymmrodorion 2004*, 11 (2005), 216–30.

— a Philomena de Lima, 'Devolution, Multicultural Citizenship and Race Equality: From laissez-faire to Nationally Responsible Policies', *Critical Social Policy*, 26/3 (2006), tt. 498–522.

—, 'Experiencing Rural Wales', yn Charlotte Williams, Neil Evans a Paul O'Leary (goln), *A Tolerant Nation?: Exploring Ethnic Diversity in Wales* (Cardiff: University of Wales Press, 2015), tt. 251–76.

—, Neil Evans a Paul O'Leary (goln), *A Tolerant Nation?: Exploring Ethnic Diversity in Wales* (Cardiff: University of Wales Press, 2015).

Williams, Colin. H., *Linguistic Minorities in Demographic Context* (Basingstoke: Palgrave Macmillan, 2006).

—, *Minority Language Promotion, Protection and Regulation: The Mask of Piety* (Basingstoke: Palgrave Macmillan, 2013).

Williams, Daniel. G., 'Single Nation, double logic: Ed Milliband and the problem with British multiculturalism', *Open Democracy* [ar-lein] *http://www.opendemocracy.net/ourkingdom/daniel-g-williams/single-nation-double-logic-ed-miliband-and-problem-with-british-multicu* (cyrchwyd ar 10 Tachwedd 2012).

—, *Wales Unchained: Literature, Politics and Identity in the American Century* (Cardiff: University of Wales Press, 2015).

—, 'Ynghylch Amlddiwylliannaeth', 2016 [ar-lein] *https://nationtimecymrusydd.wordpress.com/2016/04/15/ynghylch-amlddiwylliannaeth/* (cyrchwyd ar 21 Mehefin 2019).

Wisthaler, Verena a Heidi Öst, 'Minorities and Immigration: Frameworks of Exclusion and Inclusion in Åland and South Tyrol Compared', 2014 [ar-lein] *http://www.peace.ax/images/stories/pdf/Report_2_2014_online.pdf* (cyrchwyd ar 8 Mawrth 2019).

Wood, David, Jerome S. Bruner a Gail Ross, 'The role of tutoring in problem solving', *Journal of Child Psychology and Psychiatry*, 17/2 (1976), tt. 89–100.

Wright, Sue, *Community and Communication: the role of language in nation-state building and European integration* (Clevedon: Multilingual Matters, 2000).

—, 'What is language? A response to Philippe van Parijs', *Critical Review of International Social and Political Philosophy*, 18/2 (2015), tt. 113–30.

Young, Marion I., *Justice and the Politics of Difference* (Princeton: Princeton University Press, 1990).

Zapata-Barrero Richard, 'Interculturalism: Main hypothesis, theories and strands', yn Zapata-Barrero, Richard (gol.), *Interculturalism in Cities: Concept, Policy and Implementation* (Cheltenham: Elgar, 2015), tt. 3–19.

Žižek, Slavoj, 'Multiculturalism, or the Cultural Logic of Multinational Capitalism', *New Left Review*, 1997 [ar-lein] *http://newleftreview.org/I/225/slavoj-zizek-multiculturalism-or-the-cultural-logic-of-multinational-capitalism* (cyrchwyd ar 2 Ebrill 2014).

Mynegai

Abbé Gregoire 6
Ail Ryfel Byd, yr 7, 22, 115n
Alban, yr 1, 10, 29, 34, 42, 43–4, 45, 104n
gw. hefyd Gaeleg yr Alban; SNP
Algeria 75
Almaen, yr (Almaeneg, iaith) 2, 6, 8, 16, 19, 23, 33, 37, 58, 75, 87, 115n
gw. hefyd Rhamantwyr Almaeneg
Amireault, Valérie 77
amlddiwylliannedd 1–32, 77, 80, 84, 92, 99n, 100n, *passim*
gw. hefyd diwylliant
amlgenedlaetholdeb 11, 27, 37–8, 42–3, 56, 62, 76,
amlieithrwydd x, 2, 34, 39, 56, 60, 70, 73, 75, 86, 89, 92
gw. hefyd dwyieithrwydd
Anderson, Benedict 61,
Andrews, Rhys 46
Antonsich, Marco 31
Arabeg, iaith 75
'Arall', yr 19, 67, 72, 77, 83
Aristoteles 35
Arnold, Matthew 20
Arolwg Teithwyr Rhyngwladol, y Swyddfa Ystadegol Wladol 78

Bangor 73
Barry, Brian 17, 18, 19, 71
Basgeg, iaith 6, 44, 86, 89
BBC Radio Wales 65
benign neglect gw. Glazer, Nathan
Berber 75
Bhatt, Arvind 91
Blair, Tony 40
Blommaert, Jan 61
Blunkett, David 35, 38,
Bolzano 75
Bosse-Griffiths, Kate 95, 115n
Bouchard, Gérard 17, 25–7, 59, 60
Bourdieu, Pierre 21, 70, 100n
Brexit vii, 42
British Nationality Act (1981) 39
'British Values' 3, 21, *passim*
Brooks, Simon 20, 57, 65, 85, 87
Brubaker, Roger 86, 110n
Bruner, Jerome S. 66, 78, 80, 89
Bullivant, Brian M. 4, 26
bydolwg (*Weltanschauung*) 5–6
'Byw yn y Deyrnas Unedig' (prawf) 33

Caerdydd 2, 48, 50–2, 54, 57, 66, 68–70, 72–6, 81–2, 84, 88, 90, 92, 107n
Cameron, David 16, 40, 57, 105n
Canada viii, ix, 3, 8, 10, 12, 13, 14, 24, 25, 26–7, 29, 30, 31, 37, 38, 43, 44, 62, 102n, 111n
gw. hefyd Québec
Canolfan Dysgu Cymraeg Genedlaethol, y 88, 89

Cantle, Ted 21–3, 27, 29, 38, 59, 60
Casey, y Farwnes Louise 1
Castileg, iaith 44
Castles, Steven 35
Catalwnia (Catalaneg, iaith) 6, 8, 10, 34, 59, 67, 86, 87
Celteg 18
'Cenedl Noddfa' 2, 95
cenedlaetholdeb 19–1, 24, 28, 44, 45, 65, 83, 110n,
gw. hefyd amlgenedlaetholdeb; ôl-genedlaetholdeb
cenedligrwydd 1, 20, 57
Cenhedloedd Cyntaf, y 13
Cenhedloedd Unedig, y 7
Chomsky, Noam 5
CoDE (Centre on Dynamics of Ethnicity) 43
COMBI (prosiect) 89
Commission Larose 25
gw. hefyd Canada; *Conseil supérieur de la langue française;* Ffrangeg; Québec
confensiwn dros amddiffyn cenedlaethau lleiafrifol (1995) 8
Conseil supérieur de la langue française 24, 25, 101n, 102n
Corseg, iaith 6
crise d'accommodement 16
crise de perception 17
'Cwrs Cymru, Cymraeg a'r byd' 74
cydlyniant cenedlaethol (*Gemeinwesen*) 33
cydlyniant cymdeithasol 2, 4, 30, 31, 54, 57, 62, 87
cydlyniant cymunedol 2, 21, 29, 30, 46–7, 53, 87
gw. hefyd cymunedau ieithyddol a diwylliannol
Cyngor Ewrop 8, 15, 23, 28
Cyngor Gwynedd 82–3
Cyngor Ffoaduriaid Cymru 115n
Cyngor Mwslemiaid Cymru 45
Cyngor Prydeinig, y 23
Cyngor Sir Gaerfyrddin 49
Cymdeithaseg iaith 5
Cymraeg 2050 (strategaeth) 48, 56
Cymru (Cymraeg, iaith; Cymreictod; Cymry Cymraeg) 20–1, 23, 29–32, 34–5, 37–8, 40–5, 46–57, 59–62, 65 *passim*
gw. hefyd Mesur y Gymraeg (2011)
'cymuned ddychmygol' 61
cymunedau (ieithyddol a diwylliannol) 1–5, 9, 14–15, 21, 23, 25–7, 29, 30–1, 34, 37, 41, 45–8, 52, 54, 55, 58, 59, 60–3, 65, 66, 67, 69, 74, 75, 79–85, 87, 88, 90
gw. hefyd 'cymuned ddychmygol'; cydlyniant cymunedol
cymunedoliaeth ix, 1, 9, 35
Cynllun Adsefydlu Ffoaduriaid o Syria 54, 88, 107n
Chwyldro Ffrengig, y 6,

darpariaeth Gymraeg i fewnfudwyr ac i fyfyrwyr ix, 49, 53, 55–7, 59, 65–93
Davies, Andrew 83,
De Saussure, Ferdinand 4
De Tyrol 6, 10, 87, 91
Deddf Addysg (1870) 6
Deddfau Uno, y (1536) 6
DEMOS 89
Deyrnas Unedig, y viii, ix, x, 1–3, 21, 33, 37, 38, 40–3, 45–6, 53, 66, 92, 93
dinasyddiaeth (byd-eang; cyfanfydol; cyfreithiol; cyffredin; Cymreig; cynhwysol; egalitaraidd; gwahaniaethol; Prydeinig; Prydeinig ôl-genedlaethol) viii–ix, 1–3, 6, 10–11, 12–14, 16, 19–20, 23, 26–7, 31, 32, 33–63, 66, 67, 74–77, 78–9, 80–1, 84, 87, 88, 89, 90–3, 95 110n

diwylliant vii–x, 1–32, 90–2, 95, 99n, 100n
dwyieithrwydd 67
gw. hefyd amlieithrwydd
Durham, yr Arglwydd 44

ecoleg iaith 5
economi, buddsoddiad economaidd 5, 9, 11, 12, 23, 24, 39, 41, 49, 61, 68–71, 77, 78, 88, 89, 92, 95
Edwards, Catrin Wyn 63, 90
'English-free homes' 57
Eidal, yr (Eidaleg, iaith) 6, 10, 13, 75
gw. hefyd De Tyrol; Mussolini
enjeu (gwrthdaro) ieithyddol 29, 102nn
ESOL (*English for Speakers of Other Languages*) viii, 39–40, 42, 46–7, 49–55, 56, 57, 66–9, 72–6, 79, 84, 86–90, 92
ethnigrwydd 3, 4, 6, 13, 14, 21, 23, 84
Ewrop (Cyngor Ewrop; Ewropeaeth; Ewropeaid) vii–viii, 1–3, 8, 12, 15–17, 23, 28–9, 33–4, 37, 88, 89
gw. hefyd Undeb Ewropeaidd, yr

Fishman, Joshua 5
fordern und fördern 16
Fortier, Anne-Marie 57, 58
Foucault, Michel 86
francisation 74, 78, 81, 86
gw. hefyd Ffrainc; *Loi 101;* Québec
Franco, Francisco 6
ffoaduriaid a cheiswyr lloches 88
Ffrangeg, iaith ix, 2, 12, 13, 16, 22, 24–7, 30, 33, 44, 62, 67, 77, 78, 111n
gw. hefyd francisation; Ffrainc; *Loi 101*; Québec
Ffrainc 2, 6, 8, 13, 16, 27, 37
Ffriseg, iaith 89

Gaeleg yr Alban (iaith) 40
Gagnon, Alain G. 30, 37, 45
Ganolfan Cymraeg i Oedolion, y 51
Ganolfan Dysgu Cymraeg Cenedlaethol 88, 89
Garcia, Ofelia 79, 87
Gastarbeiter 8
Gemau Olympaidd (2012) 20
Gemeinwesen gw. cydlyniant cenedlaethol
Georgeault, Pierre 25
Glazer, Nathan *benign neglect* 10
globaleiddio 1, 4, 19, 22, 25, 43
Glyn, Seimon 65
Gogledd Iwerddon 1, 29, 42
Goldsmith, yr Arglwydd 42, 43
Groes Goch yng Nghymru, Y 88
Gruffudd, Heini 99
gwerthoedd cytûn 1–2
Gwlad y Basg 6, 10, 44, 86
gw. hefyd Basgeg
Gwyddeleg, iaith 82
gw. hefyd Iwerddon
Gwynedd 44, 46, 52–4, 65–6, 68, 69, 70, 71, 72, 82, 82, 85, 91

habitus (dinesig, ieithyddol) 17, 21
Hammar, Tomas 58
hawliau (addysg; cymdeithasol; dinasyddiaeth; diwylliannol; dynol; ethnoddiwylliannol; gwahaniaethol; iaith; lleiafrifol; rhyddid; sylfaenol; tiriogaethol; unigolyddol) xn, 1, 6–8, 10–13, 16, 18, 25–7, 29, 31, 34, 36, 57, 58, 59, 60, 91
hegemoni 7, 20, 68–74, 87–8
Heller, Monica 85
Herder, Johann Gottfried 6
Hornberger, Nancy H. 62
hunaniaeth (cenedlaethol; gwleidyddol; ieithyddol) 6, 9, 12, 14, 17–19, 22, 24, 26, 28, 43–5, 55, 66–7, 77, 79, 84–6

hunanlywodraeth 10–11
hwyluso integreiddio 34, 37, 40, 47, 50, 59, 75, 78

Iacovino, Raffaele 31, 37, 45
iaith a rennir 46, 55
Iaith Pawb 56
ideoleg sifig (gwladwriaethol, Prydeinig) 8, 30
Iddewon Uniongred 16
ieithoedd lleiafrifol 5, 6, 8, 15, 21, 23,
Indiad 84
integreiddio (amlddiwylliannol; cenedlaethol; economaidd; ieithyddol; mewnfudwyr; ôl-fewnfudol; sifig) viii, ix–x, 1–4, 11, 16, 19, 21, 24, 25–7, 29, 31–2, 33–4, 36–8, 40–1, 44–51, 54, 55–6, 57–63, 65–70, 75, 77–81, 85, 86, 87, 90–2
Iran viii
Islamoffobia 45
Iwerddon 82
gw. hefyd Gwyddeleg

Javid, Sajid 1
Johnson, David Cassels 62
Jones, Kathryn 91
jumelages interculturels 91
gw. hefyd Québec

Kearney, Richard 86
Kenney, Jason 26
Kiwan, Dina 77
Kurdistan 75, 76
Kymlicka, Wil 7, 9–14, 18, 20, 23, 26–7, 29, 31, 36–7, 42, 43, 44, 45, 62, 77

Ladineg 75
laïcité 8
Lamarre, Patricia 85
Leitkultur 2, 8, 33
Levine, Mark 24
Life in the UK (grŵp cynghori) 40–1
Loi 101 (mesur deddfol) 24
gw. hefyd Ffrangeg
Lussier, Denise 77
Lust, Stephan 16
Lladin 68
Llanberis 83
lletygarwch ieithyddol, *hospitalité identitaire* 67, 84
Lloegr ix, x, 1, 21, 29, 46, 72, 76, 78, 83, 89, 92, 110n
Llydaweg, iaith 6
Llywodraeth Cymru 2, 3, 9, 12, 15, 21, 29, 34, 45, 46–50, 53–7, 59, 65, 66, 70, 73, 79, 81, 87, 89
Strategaeth Ffoaduriaid Llywodraeth Cymru 47
Strategaeth Sgiliau Sylfaenol 47
Llywodraeth y Deyrnas Unedig vii, 1, 36, 39, 47, 55, 95
Swyddfa Gartref, y vii–viii, xn, xin, 2, 33–4, 54, 92, 107n
Llywodraeth yr Alban 34
gw. hefyd Alban, yr; Gaeleg yr Alban; SNP

Mac Giolla Chríost, Diarmait 89
mamiaith ix, x, 11, 25, 66, 72, 75, 85, 91, 104n
May, Stephen 5, 11, 77
May, Theresa vii, xn, 33, 41, 42
McCarty, Teresa 61, 88
McGhee, David 17
Meer, Nasar 22, 24
menywod Mwslemaidd 16
Mesur y Gymraeg (2011) 55
Migration Policy Institute 8
Miller, David 45, 76
Modood, Tariq 14, 22, 24, 31
monoddiwylliannedd 15, 18, 38, 73
Montréal 24, 25, 78
gw. hefyd francisation; Ffrangeg; Québec
Morris, Steve 90
Morrow, Lucy V. 90

Multikulti 2, 16
Multi-Kulti-Romantik 16
Mussolini, Benito 6
Mycock, Andrew 46

Nationality, Immigration and Asylum Act (1999 a 2002) xin, 40
'New Scots' (strategaeth) 34
Newcombe, Lynda Pritchard 81
Nussbaum, Martha 59

Ocsitaneg, iaith 6
ôl-amldiwylliannedd 8
ôl-genedlaetholdeb 34, 36, 37, 44, 45
Oleuedigaeth, yr 5
'one nation, one language' (ideoleg) 57

Parekh, Bhikhu 3, 4, 36
partneriaethau iaith (*Voluntariat per la lengua*) 34, 91
Patagonia 50
patois 6
Pennycook, Alastair 86
penser autrement
gw. hefyd Foucault
pobloedd (ieithoedd a diwylliannau) 'cynhenid' 4, 7, 10, 11, 13, 26, 36, 39, 42, 43, 73
poblogaeth Bacistanaidd yr Alban 43, 45
gw. hefyd Alban, yr; SNP
Portiwgaleg 88
prawf dinasyddiaeth 1, 34, 40
prawf Saesneg gorfodol 33
Prydain, Prydeindod vii–xi, 1, 2, 3, 6–8, 10, 13, 14, 16–17, 19, 20–4, 28, 29, 30, 31, 32, 33–5, 37, 38, 39, 40–7, 55, 56–7, 59–60, 62, 65, 66, 72, 74, 76, 78, 81, 83, 89, 90, 92, 115n
Pujolar, Joan 67, 73
Pwyl, Gwlad 13

Québec (québécois) viii–ix, 3, 8, 10, 12–14, 16, 22, 24–31, 37–8, 43, 45, 57, 59–60, 62, 67, 74, 77, 78, 81, 86, 89, 91, 111n
gw. hefyd francization; Ffrangeg; Montréal

Ralalatiana, Michela Claudie 77, 78
Ramanathan, Vaidehi 58
révolution tranquille, la 13, 24, 30, 103N
Rutter, Jill 59
Rwsieg, iaith 68

Rhamantwyr Almaenig, y 6, 19
rhyddfrydiaeth 7, 9–10, 12, 14
rhyngddiwylliannedd 21, 23, 28, 30–1, 56, 59–60, 77, 87, 90, 91, 92

Saesneg viii–x, 1–2, 8–9, 15, 17–18, 20–1, 23–5, 29–31, 33–4, 40–1, 44, 46–51, 53–7, 59, 65–6, 68–73, 75–7, 79, 82–3, 85–7, 90–1
Sbaen (Sbaeneg, iaith) 6, 10, 67, 72
Schermerhorn, Richard 4
Scourfield, Jonathan 83
Schermerhorn, Richard 4
'Secure Borders, Safe Haven' (2002) 38
Sen, Amartya 59
Serbia 19–20
Simpson, James 57
Slofenia 19–20
SNP 43, 45
gw. hefyd Alban, yr; Gaeleg yr Alban; Llywodraeth yr Alban
Spindler, George 93
St Fagan's 79
gw. hefyd Caerdydd
Sweden (Swedeg, iaith) 11, 87, 91, 99n
Syria 9, 54, 88, 107n

Taylor, Charles 7, 17, 20, 27–8
trawsieithu (*translanguaging*) 77, 87. 90, 111n
Tre-biwt 90
  gw. hefyd Caerdydd
trefedigaethedd 1, 14, 19, 39
treftadaeth 8, 22, 55
Trudeau, Justin 12, 13
Trudeau, Pierre 13
Tsieina 83
Twrci viii
Thomas, Ned 61
Threadgold, Terry Roslyn 83

Undeb Ewropeaidd, yr 1, 88
  Siarter Ewrop ar gyfer Ieithoedd Lleiafrifol a Rhanbarthol Ewrop (1992) 8
UNESCO 28
unieithrwydd x, 57, 60, 61, 73, 87
Unol Daleithiau, yr 29

Vatz-Laaroussi, Michèle 78
Vertovec, Steven 16–17
Voluntariat per la llengua (Catalonia) 34, 91
von Herder, Johann Gottfried 6
Vygotsky, Lev 66, 80, 89

Ward, Cynthia V. 35
Wenger, Etienne 78, 79
Wei, Li 79, 87
Welsh Not 6
Wessendorf, Susanne 16–17
Williams, Colin H. 31, 56
Williams, Charlotte 18–19, 84
Williams, Daniel G. 19, 20
Wrecsam xin, 88, 107n
Wright, Sue 61
WSOL (*Welsh for Speakers of Other Languages*) 49–50
Ymerodraeth Brydeinig, yr 7
Ynysoedd Åland 87
  gw. hefyd Sweden
Ysgol Gymraeg Hamadryad 90

Zapata-Barrero, Richard 59, 60
Žižek, Slavoj 19–20